Feng Shui für Seminar- und Arbeitsräume

Ronald Faber

IRIS
Bücher & mehr

Zur Erinnerung an meine Großeltern
Ate und Nel Faber-Meulenbroek

Die Originalausgabe erschien unter dem Titel *Feng Shui op de werkplek* bei Uitgeverij Schors, 1999, Amsterdam, Niederlande.

Übersetzung:	Linda Gräfe
Umschlaggestaltung:	Studio Paul C. Pollmann
Foto Umschlag:	Anneke de Leeuw
Satz und Layout:	Bredt & Ipenburg vof

ISBN 90-76274-82-7

Inhalt

Vorwort

Je mehr Fehler du machst,
desto mehr lernst du!

Immer mehr Menschen richten ihre Wohnung nach den Prinzipien des Feng Shui ein[1]. Darum ist meines Erachtens der Zeitpunkt gekommen, an dem diese jahrhundertealte Lehre auch in Büros und Fabrikhallen eingesetzt werden sollte.
Das moderne Berufsleben wird noch stets von Männern dominiert, was einem Überschuß an Yang-Energie gleichkommt[2]. Bei der Suche nach Harmonie und Gleichgewicht in der Einrichtung müßte die weibliche Seite nachdrücklicher hervorgehoben werden in Form von Yin-Energie. Ein ausgewogenes Kräfteverhältnis zwischen Yin und Yang führt zu einer harmonischeren Form des Managements, da das rationale- und intuitive Denken im Einklang sind.
Das bedeutet jedoch nicht, daß dieses Buch nur für Frauen geschrieben wurde, ganz im Gegenteil. Sowohl der Geschäftsmann als auch die Geschäftsfrau können Nutzen aus seinem Inhalt ziehen[3]. Der oft zu rational denkende Mann täte gut daran, ein wenig weibliches, intuitiveres Denken zuzulassen. Für die intuitiv denkende Frau gilt das Umgekehrte.
So kann die Frage "was muß man tun?" auf intuitive Weise angegangen werden, die Frage "wie muß man es tun?" hingegen verlangt einen rationalen Ansatz.

---

1 Siehe *Feng Shui für Einsteiger* vom gleichen Autor, Iris Bücher & Mehr, Amsterdam, 1999.

2 Auf das Prinzip der Dualität von Yin und Yang wird im 2. Kapitel näher eingegangen.

3 Dieses Buch verwendet, der Deutlichkeit halber, meistens die maskuline Form.

Der arbeitende Mensch verbringt einen Großteil des Tages an seinem Arbeitsplatz. Feng Shui lehrt uns, den Einfluß, den der Arbeitsplatz und die Arbeitsumgebung auf die Psyche und das körperliche Wohl eines Menschen haben, zu berücksichtigen. Wenn diese Einflüsse unzureichend erkannt werden, so äußert sich dies in Form von unter anderem Streß und Depressionen.
Die Tatsache, daß diesen – oft intuitiv erfahrenen – Einflüssen so wenig Aufmerksamkeit geschenkt wird, ist die unmittelbare Folge einer rein kommerziellen Herangehensweise an die Einrichtung von Arbeitsräumen. Oft basiert die Wahl der Einrichtung ausschließlich darauf, ob die Ausgaben die Kosten decken.

Innenarchitekten und Möbeldesigner tun ihr Möglichstes, die funktionelle (und erschwingliche) Einrichtung von Arbeitsräumen soviel wie möglich mit ästhetischen Elementen zu kombinieren. Gesetze und Kontrollen der Gewerbeaufsicht erzwingen zudem die Suche nach ergonomischen Lösungen.
Feng Shui hat zum Ziel, zu einer optimalen Gestaltung des Arbeitsplatzes und des Arbeitsraumes zu gelangen, wobei die natürlichen Grundbedürfnisse des Menschen berücksichtigt werden.

Es gibt viele Beispiele von Situationen, in denen Feng Shui eine Lösung bieten kann. Gesetzt den Fall, daß einige Arbeitnehmer verhältnismäßig oft krank sind, andere wiederum scheinen jede Gelegenheit zu nutzen, um ihren Arbeitsplatz verlassen zu können. Vielleicht gibt es in Ihrem Unternehmen eine Abteilung oder eine Filiale, die eine größere Fluktuation des Personals aufweist als andere Abteilungen oder Filialen.
Oft denken die hiervon betroffenen Mitarbeiter, daß

dieses Phänomen ein rein persönliches Problem ist. Haben Sie jemals daran gedacht, daß auch die Einrichtung des Arbeitsplatzes (der Arbeitsplätze) eine wichtige Rolle spielt?
Wie ergonomisch ein Arbeitsplatz vielleicht auch ist oder wie schön das Design auch sein mag, wenn bei der Einrichtung das intuitive Erleben (= Feng Shui) nicht berücksichtigt wurde, ist es durchaus möglich, daß sich dort niemand wohl fühlen wird.

Einige Betriebe fragen sich, warum die Konkurrenz erfolgreicher ist, ungeachtet der Tatsache, daß weder ihre Produkte noch ihr Service besser oder billiger sind.

Angewandtes Feng Shui am Arbeitsplatz und in der Arbeitsumgebung bedeutet, daß man dem Wohl und Wohlbefinden des arbeitenden Menschen Beachtung schenkt. Feng Shui ist gleichbedeutend mit einer stimulierenden Einrichtung und bewirkt ein angenehmes Arbeitsklima, viel Motivation und hohe Produktivität.
Wenn Ihr Unternehmen mit Hilfe von Feng Shui eingerichtet wurde, werden sich potentielle Kunden und Auftraggeber dort "wie zu Hause" fühlen und sich aus diesem Grunde auch länger bei Ihnen aufhalten.

Da geschäftlicher Erfolg in Aussicht gestellt wird, sollte es nicht allzu schwer sein, auch einen äußerst kommerziell gesinnten Geschäftsmann von der Brauchbarkeit des Feng Shui zu überzeugen.

Dieses Buch enthält Anweisungen, wie Feng Shui in einer modernen Arbeitsumgebung eingesetzt werden kann. Es wurde für alle geschrieben, die sich mit der Einrichtung von Büros und von Arbeitsplät-

zen beschäftigen, wie Designer, Ergonomen, Manager, Chefs usw.... kurzum, für jeden, der in einem Betrieb für das Wohl der Mitarbeiter verantwortlich ist.
Des weiteren wird u.a. auf die geographische Lage von Firmengebäuden und Büros eingegangen, da auch sie ein Aspekt ist, der die Geschäfte beeinflußt.

Geschäftlicher Erfolg beruht natürlich nicht ausschließlich auf der Anwendung des Feng Shui. Gutes Management und geschicktes Vorgehen sind und bleiben natürlich unbedingt erforderlich. Da dank der Anwendung des Feng Shui das Potential der Arbeitsumgebung jedoch optimal genutzt werden kann, werden die Betriebskosten zweifellos heruntergehen.

Ich hoffe, daß dieses Buch einen Beitrag dazu leisten kann, daß sowohl Arbeitgeber als auch Arbeitnehmer erkennen, wie man zu Arbeitsplatzverbesserungen gelangen kann.

Viel Erfolg!

Ronald Faber

1 Einführung

Ein guter Führer ist selten allein!

Warum Feng Shui?

Aus welchem Grunde florieren manche Betriebe besser als andere, warum verbuchen einige Unternehmen jedes Jahr höhere Umsätze, während andere den Abstieg anscheinend nicht aufhalten können? Wie ist es möglich, daß ein Unternehmen, das für einen wachsenden Absatzmarkt produziert, in die roten Zahlen kommt? Warum ist die Konkurrenz erfolgreicher, ungeachtet der Tatsache, daß ihre Produkte nicht besser oder preisgünstiger sind als die anderer Unternehmen?
Was liegt einer extrem schnellen Fluktuation des Personals zugrunde und aus welchem Grunde verlassen die Angestellten das Gebäude nach Arbeitsschluß fast fluchtartig?

Vor einigen Jahren habe ich einen Betrieb kennengelernt, der auf dem aufsteigenden Ast und im Wachstum begriffen war, sogar ohne nennenswerte Kundenwerbung kamen stets neue Auftraggeber hinzu. Die Zusammenarbeit der Mitarbeiter war sehr gut und es herrschte ein angenehmes Betriebsklima.
Die Geschäfte gingen sogar so gut, daß die Räumlichkeiten zu klein wurden, um die vielen Angestellten zu beherbergen. Darum faßte man den Entschluß, den Bau eines neuen Gebäudes in Auftrag zu geben.
Nach der Fertigstellung dieses Gebäudes und dem Umzug wurden die neuen Räumlichkeiten festlich eingeweiht. Eigenartigerweise ließen die Geschäfte

nach, obwohl alle Mitarbeiter mit frischem Mut im neuen Gebäude begonnen waren. Der Umsatz ging ständig zurück, obgleich die Prognosen für die Branche gut waren. Zwischen den Mitarbeitern entstand Uneinigkeit und die meisten gingen nach Feierabend sofort nach Hause. Das Personal wechselte viel schneller als früher. Kurzum, mit der Firma ging es bergab.
Was hatte sich verändert? Nicht viel! Man arbeitete im Grunde für die gleichen Auftraggeber, das Management war gleich geblieben und die Angestellten verrichteten die gleiche Arbeit wie früher. Nur... das neue Gebäude, in dem das Unternehmen inzwischen seinen Sitz hatte, war völlig anders als das alte Gebäude! War dies vielleicht der Grund für den zunehmenden Abwärtstrend?

Die Umgebung, in der sich ein Mensch aufhält, hat einen entscheidenden Einfluß darauf, wie er sich fühlt. Die meisten Menschen verbringen über 80% ihrer Zeit im Hause; die werktätige Bevölkerung verbringt etwa 20% ihrer Zeit in der Arbeitsumgebung. Aufgrund dieser Tatsache sollte es einleuchtend sein, daß eine sorgfältige und gewissenhafte Einrichtung von Innenräumen unumgänglich ist. Somit wären wir bei Feng Shui angelangt, der jahrtausendealten chinesischen Lehre zur Einrichtung von Räumen. Feng Shui hat nichts mit Mystik zu tun. Die Lehre beschäftigst sich damit, wie man Künstliches (von Menschen Erschaffenes) und Natürliches miteinander in Einklang bringen kann. Die Gebäude, in denen wir uns aufhalten, schneiden uns von unserer Umgebung ab, so daß uns die positiven und wohltuenden Energien der Natur nicht erreichen und unser Wohlbefinden nicht beeinflussen können, wenn wir ihnen zu wenig Beachtung schenken.

Feng Shui lädt die positive Energie dazu ein, "hereinzukommen", so daß wir uns wohl fühlen können. Auf eine Arbeitsumgebung übertragen bedeutet dies, daß man für das Wohlbefinden aller Arbeitnehmer sorgen sollte, da die logische Folge dieser Maßnahme ein verbessertes Betriebsergebnis ist.

Vorurteile und Zweifel

Vorurteile und Skepsis halten viele Manager davon ab, sich eingehender mit dieser alten Weisheit zu beschäftigen. Feng Shui steht in manchen Kreisen völlig zu Unrecht im Ruf, chinesische Folklore und Aberglaube zu sein. Darum hat sich Feng Shui bisher noch nicht als nützliche und brauchbare Ergänzung zur westlichen Arbeitsplatzgestaltung durchsetzen können. Der Glaube an die Kraft des Feng Shui ist subjektiv, seine Anwendung schadet niemanden, warum sollte es also nicht eingesetzt werden, um der Betriebsführung beizustehen? Feng Shui birgt alle Macht in sich, um ein wesentlicher Bestandteil des Managements zu werden.
Trotz aller guten Absichten stellt es sich oft heraus, daß moderne Methoden des Managements keine befriedigende Antwort auf das Vorhandensein negativer Randerscheinungen innerhalb eines Unternehmens haben. Es wurde schon in mehreren Publikationen zur Sprache gebracht, daß die meisten Arbeitnehmer unter zu hoher Arbeitsbelastung leiden, zu wenig Gelegenheit haben, sich zu entspannen und zu wenig Unterstützung erhalten, was zu (enormem) Streß führen kann. Die unmittelbaren Folgen sind kostspielig: hoher Arbeitsausfall durch Krankheit und Demotivation sowie Klagen über den Arbeitsplatz führen zu Verlusten im Hinblick auf die Produktivität und den Umsatz.

Manager sind, aufgrund intensiver Trainings und Workshops, über den neuesten Stand der Dinge auf dem Gebiet der (theoretischen) Betriebsführung zwar auf dem laufenden, sie sind jedoch oft hilflos, wenn es darauf ankommt, das Gelernte in die Praxis umzusetzen. Die Folge ist, daß die Resultate leider weit hinter den (allzu) hohen Erwartungen zurückbleiben. Wenn moderne Methoden scheitern, kann es sich lohnen, nach einer anderen Lösung zu suchen, wie zum Beispiel Feng Shui, das schon seit Jahrhunderten hält, was es verspricht.

Denken Sie nicht, Sie wären der erste Unternehmer, der Feng Shui zu geschäftlichen Zwecken einsetzt. Namhafte Unternehmen, wie *Shell, Virgin, Credit Lyonnais, The Body Shop, British Airways* und *Marks & Spencer* sind ihnen schon zuvorgekommen.
Der Schauspieler *Michael Caine* zum Beispiel hat seine Restaurants mit Hilfe von Feng Shui eingerichtet. Andere Anhänger des Feng Shui sind unter anderem der Multimillionär *Donald Trump*, *Madonna* und der amerikanische Präsident *Bill Clinton,* der die Hilfe eines Feng-Shui-Experten für die Einrichtung des "Oval Room" im Weißen Haus hinzuzog. Sogar einige Abteilungen der *Vereinten Nationen* lassen sich von Feng-Shui-Meister beraten.

Es gibt zahllose Beispiele von kritischen Geschäftsleuten, die dem Feng Shui ganz und gar nicht vertrauten, die jedoch, unter dem Motto *"nützt es nicht, so schadet es auch nicht"* beschlossen haben, die Ratschläge der Feng-Shui-Experten zu befolgen. Sie setzen die Feng-Shui-Prinzipien jetzt konsequent in all ihren Betriebsräumlichkeiten ein, manchmal vielleicht selbst zu fanatisch, denn der geschäftliche Erfolg versetzte sie in helle Begeisterung.

Die Grundlagen des Feng Shui

Wie es genau funktioniert, läßt sich nur schwer erklären. Feng Shui wurzelt in der chinesischen Kultur und lehrt uns darum – im Gegensatz zu westlichen Anschauungen – daß wir als autonomes Wesen nur dann gut und selbständig funktionieren können, wenn wir auch mit unserer Umgebung Rechnung tragen. Bei den Bedingungen, die zur Gestaltung eines Raums nötig sind, in dem wir uns wohl fühlen, bezieht Feng Shui auch das Umfeld des Menschen ein.

Das asiatische "Denken" prallt hart auf die Art und Weise der Problemlösung, wie wir sie im Westen gewöhnt sind. Während bei uns das Resultat als Ausgangspunkt bei der Lösung von Problemen dient, so ist in der asiatischen Kultur vor allem die Art und Weise wichtig, wie man einem Problem zu Leibe geht sowie die Erfahrung, die zur Lösung führt.
Feng Shui beschäftigt sich nicht nur mit der *Einrichtung* von Arbeitsräumen, sondern auch mit dem *Standort* von Firmengebäuden. Zwischen Gebäuden und ihrer Umgebung besteht eine Wechselwirkung. Die Umgebung wiederum hat einen unmittelbaren Einfluß auf die Art und Weise, wie man den Aufenthalt in einem Gebäude erfährt. Eine verkehrsreiche Straße, eine schöne Aussicht oder der Gestank von Industrie in der Nähe, dies alles übt einen Einfluß auf das Maß an Komfort im Inneren aus.
Feng Shui lehrt, daß sowohl städtebauliche und (garten-) architektonische Aspekte als auch Einrichtungsaspekte zu einer harmonischen Einheit verschmelzen können, in der sich Menschen vollkommen entfalten können, weil sie (unbewußt) realisieren, daß diese Orte "*gut*" sind.

Die Kraft des Feng Shui

Feng Shui kann auf verschiedene Weise zur Förderung des geschäftlichen Erfolgs eines Unternehmens eingesetzt werden. Einige Feng-Shui-Maßnahmen zielen darauf ab, den Umsatz unmittelbar zu heben, andere Hilfsmittel hingegen beschränken sich darauf, gute Grundbedingungen zu schaffen, so daß schließlich auch der Umsatz eine positive Stimulanz bekommt.
Für den gewinnorientierten Manager ist es wichtig zu wissen, daß die Anwendung von Feng Shui für gewöhnlich mit wenig Kosten einhergeht. Die Kostenfrage sollte darum keinen einzigen Manager davon abhalten, die Möglichkeiten der Anwendung dieses alten Wissens zu erwägen.

Was sich allerdings nicht empfiehlt, ist der sofortige und willkürliche Einsatz eines Sammelsuriums verschiedener Feng-Shui-Hilfsmittel in einem Unternehmen. Es ist besser, sie Schritt für Schritt einzuführen und stets wieder zu versuchen, die oft sehr subtilen Veränderungen wahrzunehmen. Einerseits kann man die Wirkung der Maßnahmen auf diese Weise nachweisen, andererseits bekommt man mehr Vertrauen in Feng Shui. Sie sollten den Feng-Shui-Hilfsmitteln Zeit gönnen, damit sie ihre Wirkung zeigen können und Sie sollten vorläufig keine Wunder von ihnen erwarten.
Es wäre nicht realistisch, wenn man behaupten würde, daß Feng Shui jeden zum Millionär machen kann. Manchmal mildert Feng Shui auch nur die Folgen einer drohenden Krise, eine Krise, die ohne Feng Shui möglicherweise fatal gewesen wäre und bisweilen sind es kaum spürbare Veränderungen, von denen sich später herausstellt, daß sie unerwartete (positive) Folgen gehabt haben.

2 Die Grundprinzipien des Feng Shui

Je länger der Weg,
desto süßer das Ergebnis.

Was ist Feng Shui?

Feng Shui, ausgesprochen "*fang-schuei*", ist eine Kombination jahrhundertealter chinesischer Wissenschaft, Kunst, Philosophie, Astrologie und Folklore. Laut dieser klassischen Lehre sind Dinge wie Gesundheit, Glück, Wohlstand und Erfolg untrennbar mit der Gestaltung unserer Umgebung, sowohl innerhalb der vier Wände, als auch außerhalb des Hauses, verbunden.
Feng Shui wurde ursprünglich mit Hilfe der zwei chinesischen Schriftzeichen für "*Wind*" und "*Wasser*" angedeutet (siehe Abbildung 2.1). Man

Abbildung 2.1 – Die chinesischen Schriftzeichen für "Feng Shui".

nimmt an, daß dieser Name von diesen zwei Urkräften herrührt, die das Leben auf Erden ermöglichen. Der Wind liefert den Sauerstoff, ohne Sauerstoff ist kein Leben möglich und ohne Wasser hört das Leben innerhalb weniger Tage auf.
Wind und Wasser – Feng Shui – bringen die Energien zum Ausdruck, denen wir unser Dasein zu verdanken haben und mit denen wir soviel wie möglich im Einklang leben sollten.

Die Geschichte des Feng Shui

Feng Shui ist Tausende von Jahren alt und der Nachwelt dank mündlicher Überlieferung erhalten geblieben. Die enormen Entfernungen innerhalb des Chinesischen Kaiserreiches erschwerten den Kontakt zwischen den vielen Regionen, so daß sich verschiedene Feng-Shui-Theorien und Prinzipien entwickelt haben, die jeweils eigene Regeln und Anwendungsmöglichkeiten haben.
Es werden verschiedene chinesische Kaiser und Philosophen als wichtige Begründer dieser antiken Lehre genannt. Den genauen Lauf der Geschichte des Feng Shui werden wir allerdings wahrscheinlich nie erfahren. Alte Feng-Shui-Meister hielten ihr Wissen streng geheim und gaben sie am Ende ihres Lebens einem hoffnungsvollen Schüler weiter. Selbstverständlich waren auch diese Meister leider nicht in der Lage, ihr eigenes Ende vorherzusagen, so daß wichtige Kenntnis regelmäßig mit ins Grab genommen wurde, wenn das Ende unerwartet kam.
Nur einzelne alte Meister brachten ihr Wissen zu Papier. Bücher, die heute als Klassiker gelten, dienen als Grundlage für die heutige Ausübung des Feng Shui. Der Name eines Meisters darf auf keinen Fall unerwähnt bleiben und zwar der des *Yang Yun-Song.*

Er lebte während der Tangdynastie (618-906) und schrieb mehrere Bücher über Feng Shui. Er wird oft, zu Unrecht, als der Begründer der sogenannten Formschule genannt. Dieser Irrtum beruht auf den komplizierten Texten seiner mathematischen Theorien, die erst Jahre nach seinem Tod entziffert werden konnten. Seine Beschreibungen im Hinblick auf die morphologischen Merkmale von Landschaften waren hingegen begreiflicher.
Durch den Einfluß der Kulturrevolution ist die Anwendung des Feng Shui im heutigen China, seinem Ursprungsland, jedoch weniger weit verbreitet als in früheren Zeiten. Seit der Westen jedoch in den siebziger Jahren mit Feng Shui in Berührung kam, ist es unaufhaltsam und weltweit im Vormarsch. Da sich seit der zweiten Hälfte der neunziger Jahre auch die Medien zunehmend mit Feng Shui beschäftigen, hat sich diese Lehre inzwischen zum Wohntrend der Jahrtausendwende entwickelt.

Chi, das A und O

Dreh und Angelpunkt im Feng Shui ist das Einfangen des "*Chi*" (ausgesprochen "*Tschi*"), die kosmische und überall vorhandene Energie. Chi ist eine Kraft, die sich mitteilt in Naturschönheit, Sauerstoff, Erdstrahlungen und Magnetismus, Sonnenlicht, Glück, blühenden Pflanzen, einem sauberen und aufgeräumten und gut unterhaltenen Haus usw. Alles unterliegt dem Einfluß dieses Chi. Tod und Verderben deuten auf einen Mangel an Chi hin.
Feng Shui lehrt uns, daß Chi eine für unser Dasein lebenswichtige Energie ist und daß man diese kosmische Energie umsorgen und beschützen muß.
Es gibt zwei Arten von Chi: das "positive" Sheng Chi und das "negative" Sha Chi. Sha Chi tritt zum Bei-

spiel als Umweltverschmutzung oder als dürre Wüste, als Unglück, als verkümmerte Pflanzen oder als verfallene und verwahrloste Gebäude in Erscheinung. Ziel des Feng Shui ist es, Sheng Chi zu stimulieren und Sha Chi einzudämmen oder selbst zu beseitigen.
Sheng Chi kennzeichnet sich durch rundliche Formen, schlängelnde Linien und ein hügeliges Relief. Dieses Chi bringt Wohlstand, Gesundheit, Glück und Erfolg.
Sha Chi ist an geraden Linien, geometrischen und spitzen Formen und kantigen Gegenständen erkennbar. Sha Chi bedeutet Unglück, Krankheiten, Tod, Armut und der Fehlschläge.

Der Weg des Chi

Chi sucht sich, wie Wasser, immer den Weg des geringsten Widerstandes. Das Chi kommt zu den Türen herein und verläßt das Gebäude durch die Fenster. Im Hinblick auf ein Firmengebäude sollte als erstes dafür gesorgt werden, daß Chi die Eingangstür ungehindert erreichen kann (siehe Kapitel 4 und 5) und daß es im Gebäude nirgendwo auf Hindernisse stößt, die den Chi-Fluß hemmen oder sogar stagnieren lassen können.
Ecken sollte besonders viel Beachtung geschenkt werden, da sie den Chi-Fluß so beeinflussen, daß Sheng Chi in Sha Chi umgeformt wird (ein Zuviel an Sheng Chi wird Sha Chi!). Sorgen Sie dafür, daß niemand in einem solchen Energiebündel zu sitzen braucht.
Möbel, die von einem solchen "Energiepfeil" getroffen werden, können am besten umgestellt werden. Falls dies unmöglich ist, kann der negative Effekt geschwächt werden, indem man zum Beispiel eine

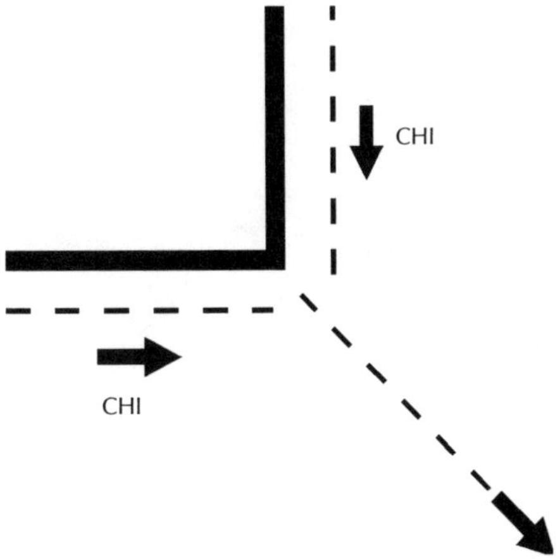

Abbildung 2.2 – Die Bündelung der Energie an einer Ecke.

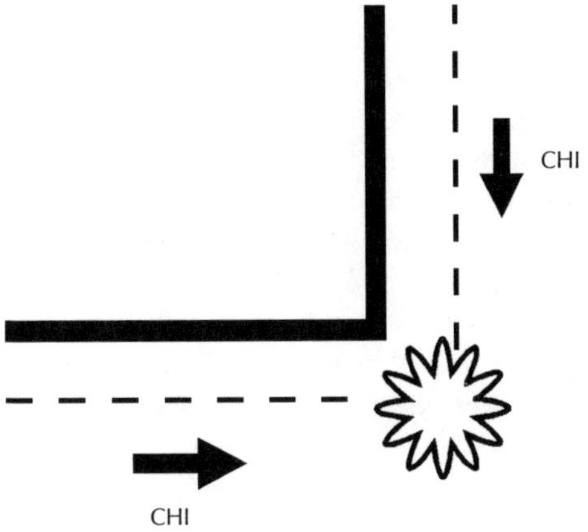

Abbildung 2.3 – Das "Abschwächen" des Energieflusses.

Pflanze an die Ecke stellt (siehe Abbildung 2.3). Um den Effekt des "Einfangens" des Chi zu spüren, können Sie die nachfolgende Übung machen (Siehe auch Abbildung 2.4).

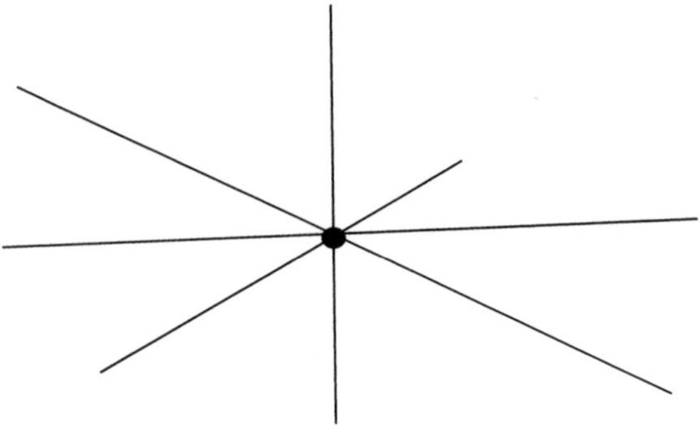

Abbildung 2.4

Zeichnen Sie einen Punkt auf ein weißes Blatt Papier. Ziehen Sie jetzt allerlei Linien, die alle durch den Punkt laufen. Die Geschwindigkeit, mit der Sie die Linie ziehen, nimmt ab, sobald Sie sich dem Punkt nähern und sie nimmt wieder zu, sobald Sie den Punkt passiert haben.
Chi bewegt sich auf die gleiche Weise. Die Absicht ist es, Chi erst abzubremsen, um es daraufhin gleichmäßig fließend durch ein Gebäude zu lenken, so daß die Nutzer dieses Gebäudes vom positiven Effekt des Chi profitieren können.
Möbeldesigner und Innenarchitekten sollten es lernen, ihre Entwürfe auf die Prinzipien des Feng Shui abzustimmen und den stimulierenden Chi-Fluß bewußt einzusetzen.

Die Einheit der Gegenpole: Yin und Yang

Alles befindet sich in einem unaufhörlichen Zustand des Werdens und somit der Wandlung. Es wird Tag und es wird wieder Nacht, wir werden geboren und wir sterben. Weiß und Schwarz sind Ge-

genpole, sie bilden zusammen jedoch ein Ganzes. Ohne Weiß wäre Schwarz ohne Wert und ohne Schwarz würde es kein Weiß geben. Die Dinge können nur im Einklang miteinander funktionieren, sind sie im Ungleichgewicht, so führt dies zu Unheil und Unglück. Das Tai-Chi-Diagramm, besser bekannt als das "Yin-Yang-Zeichen", symbolisiert die Einheit der Gegenpole. Siehe auch Abbildung 2.5. Yin, das schwarze Feld, und Yang, der weiße Bereich, symbolisieren die zwei Urkräfte, die den "Betrieb" des Universums aufrechterhalten. Sie wirken ständig aufeinander ein und führen auf diese Weise einen fortwährenden Prozeß der Veränderung herbei. Wo Yin verschwindet, da kommt Yang zum Vorschein, wo Yang sich zurückzieht, übernimmt Yin seine Rolle. Wo die Sonne scheint, herrscht ein Überfluß an Yang-Eigenschaften, aber wenn der Tag verstreicht, und die Sonne im Westen untergeht, nimmt der Schatten (Yin) die Stelle des Sonnenlichts ein.
Yin ist weiblich, passiv, schwarz, dunkel, horizontal,

Abbildung 2.5 – Das Tai-Chi-Diagramm

kühl, gerade, niedrig... Yang ist männlich, aktiv, weiß, hell, vertikal, warm, ungerade, hoch ...
Nichts ist nur Yin oder allein Yang. Die Dominanz von Yin oder Yang hängt vom Zusammenhang ab. So ist Grau Yin, wenn es mit Weiß verglichen wird, an Schwarz grenzend ist es jedoch Yang.
Yin und Yang ergeben zusammen Chi. Wenn ihr Kräfteverhältnis ausgewogen ist, treten sie als Sheng Chi in Erscheinung, im Falle von Ungleichgewicht und Disharmonie hingegen als Sha Chi.
Yin und Yang sind auch in der Landschaft erkennbar. Eine Landschaft mit sanften Hügeln und Bäumen, Kühen und einem schlängelnden Bach strahlt Ruhe aus, eine Yin-Eigenschaft. Eine große, hektische, aktive Stadt steht für Dynamik und Aktion, also für Yang-Qualität. Yin und Yang treten auch in den Innenräumen auf. Ein bestimmter Teil einer Wohnung profitiert vom natürlichen Sonnenlicht (Yang), ein anderer hingegen befindet sich an der Schattenseite (Yin).

Die fünf Elemente

Die fünf Elemente sind symbolische Hilfsmittel, mit denen man die fünf Erscheinungsformen des Chi beschreiben kann. Außerdem liefern sie eine detailliertere Beschreibung als das vereinfachende "Gut und Böse" von Yin und Yang.
Die fünf Elemente sind: *Wasser, Erde, Feuer, Metall* und *Holz.* Jedes Element symbolisiert eine andere Erscheinungsform der Energie, wie morphologische Eigenschaften, Farbe, Richtung oder Struktur (siehe Abbildung 2.6a bis e).
Die Wechselwirkung zwischen den einzelnen Elementen erfolgt in zwei Wandlungsphasen oder Zyklen, dem sogenannten "Hervorbringungszyklus"

*Abbildung 2.6a – **Feuer:** Rot, Dreieck, Pyramide, Süden*

*Abbildung 2.6b – **Holz:** Grün, Blaugrün, Säule, Osten*

*Abbildung 2.6c – **Erde:** Gelb, Erdtöne, Viereck, Rechteck, Kubus, flach, Mittelpunkt*

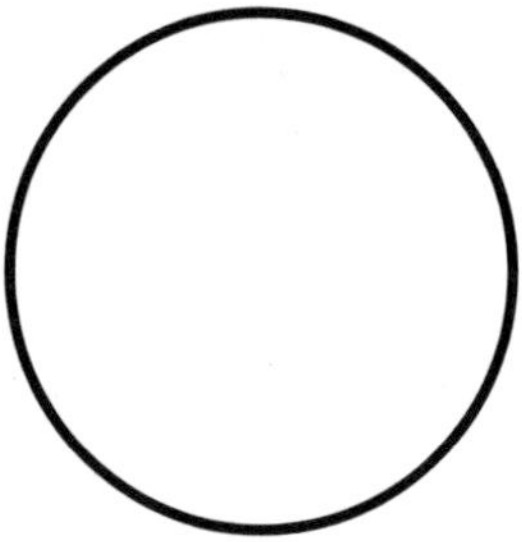

*Abbildung 2.6d – **Metall:** Weiß, Pastellfarben, Kreis, oval, Bogen, Westen*

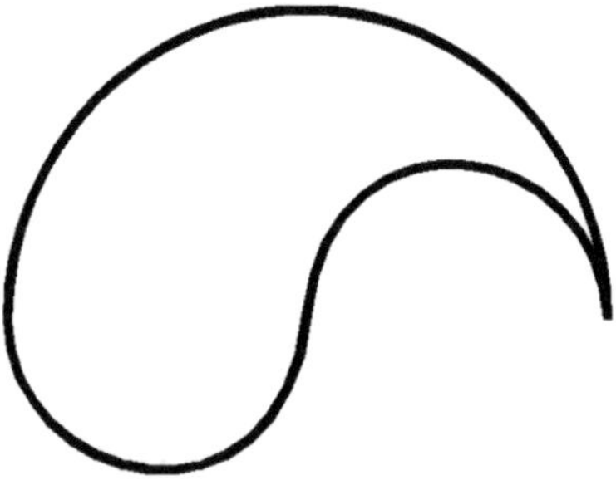

*Abbildung 2.6e – **Wasser:** Schwarz, Dunkelblau, fließend, wogend, Asymmetrie, Norden*

und dem "Zerstörungszyklus". Im Hervorbringungszyklus reichert jedes Element das ihm folgende an. Der Zerstörungszyklus bewirkt genau das Gegenteil. Siehe Abbildung 2.7 und Abbildung 2.8.
Ein dritter, nicht abgebildeter Zyklus ist der "Abschwächungszyklus". Er wird eingesetzt, um den Effekt von zwei entgegengesetzten Elementen des Zerstörungszyklus abzuschwächen. Wasser vernichtet zum Beispiel Feuer. Um diesen Effekt abzuschwächen, ziehen wir den Hervorbringungszyklus zu Rate und wählen das Element, das in diesem Zyklus zwischen Feuer und Wasser liegt, in unserem

Abbildung 2.7 – Der Hervorbringungszyklus

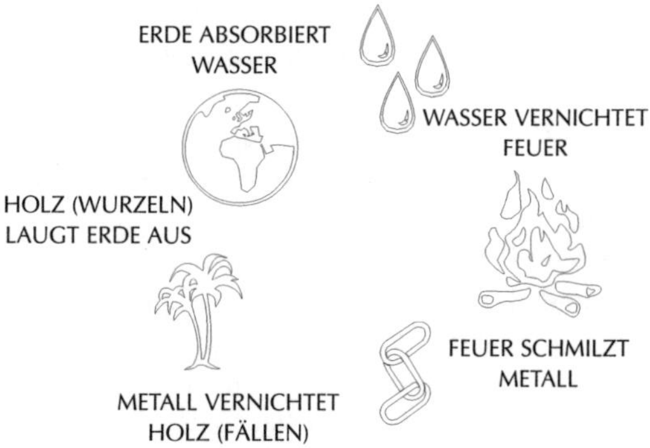

Abbildung 2.8 – Der Zerstörungszyklus

Beispiel Holz, und fügen es hinzu.
Ein anschauliches Beispiel für die Wirkung der fünf Elemente ist der Wechsel der Jahreszeiten. Der Frühling weist Holzeigenschaften auf, mit einer deutlich wahrnehmbaren Aufwärtskraft. Der Höhepunkt ist der Sommer (Feuer), danach beginnt sich die Energie im Herbst (Metall) zurückzuziehen. Im Winter

(Wasser) kommt alles zur Ruhe. Erde ist die neutrale und regulierende Naturkraft beim Wechsel von einem Element zum anderen (von einer Jahreszeit zur anderen).

Anwendung in der Innenarchitektur

Die Bedeutung der dem Feng Shui zugrundeliegenden Prinzipien zeigt sich auf unterschiedliche Art und Weise. So ist Härte eine Yang-Eigenschaft und Weichheit eine Yin-Eigenschaft. Fliesen, Kacheln, Metall und ähnliches sind harte Materialien. Ein Raum, der ausschließlich mit diesen Materialien ausgestattet ist, fühlt sich unangenehm und unbehaglich an. Das kann man kompensieren, indem man ein ausgewogenes Kräfteverhältnis zwischen Yin und Yang herstellt. Das Hinzufügen weicher Materialien, wie Auslegeware, Vorhänge, Textilien und Möbelstoffe, stellt das Gleichgewicht zwischen hart und weich her, folglich sind Yin und Yang ausgeglichen.

Ein anderes Beispiel ist der Unterschied zwischen passiv und aktiv. Yin steht für passive Dinge, Yang hingegen für Aktion und Bewegung.

Räume zur Entspannung kann man als Yin definieren, Räume, in denen Aktion stattfindet, wie ein Flur oder eine Kantine, sind hingegen eindeutig Yang.

So ist es zum Beispiel möglich, zwischen aktiven und passiven Wänden zu unterscheiden. Türen und Fenster stehen für Aktion und Bewegung und sind somit Yang. Wände und Mauern ohne Fenster, Türen oder andere Öffnungen sind passiv, also Yin. Siehe auch Abbildung 2.9.

Die Theorie der fünf Elemente geht sogar noch einen Schritt weiter. Allen Formen und Farben wird eine bestimmte Eigenschaft zugeschrieben und sie sind ei-

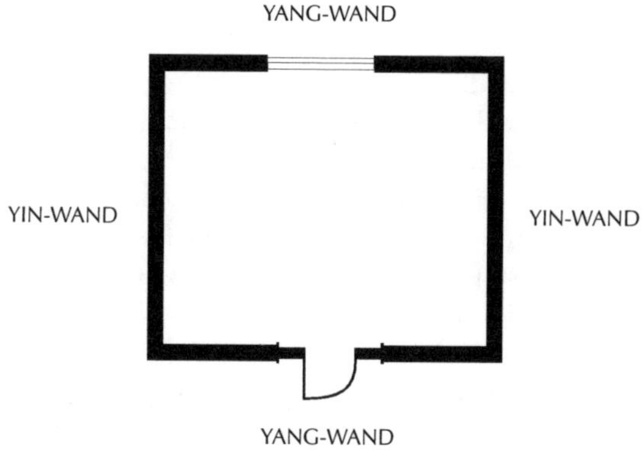

Abbildung 2.9 – Der Unterschied zwischen Yin- und Yang-Wänden.

nem der fünf Elemente zugeordnet. Beim Betreten eines Raums nimmt man intuitiv wahr, welche Eigenschaften in der Einrichtung verarbeitet sind.
Ein Raum sollte so ausgestattet sein, daß alle fünf Elemente in einem ausgewogenen Kräfteverhältnis in ihm vertreten sind. Überwiegen bestimmte Elemente, so herrscht ein Ungleichgewicht, das mit Hilfe der Anwendung des Hervorbringungszyklus und des Zerstörungszyklus ausgeglichen werden kann.
So kann das Fehlen eines der Elemente kompensiert werden, indem man bestimmte Komponenten hinzufügt, welche die Eigenschaften dieses Elements in sich bergen.
Ein Zuviel an einem bestimmten Element kann kompensiert werden, indem man das zerstörende oder schwächende Element hinzufügt.
Ziel ist es, eine einseitige Anwendung von Formen, Farben und anderen Einrichtungselementen in der Lebensumgebung zu vermeiden, als nützliches Hilfsmittel hierbei dient der symbolische Ansatz mit den fünf unterschiedlichen Energiearten.

Was ist Feng Shui nicht?

Die wachsende Beliebtheit, die sich Feng Shui erfreut, hat leider auch zur Folge, daß bestimmte Menschen behaupten, professionelle Feng-Shui-Berater zu sein, obwohl davon keine Rede sein kann. Sie stürzen sich schamlos auf den Innenausstattungsmarkt. Da es ihnen jedoch oft an der Erfahrung und Einsicht mangelt, über die professionelle Stadtplaner, Architekten, Innenarchitekten Garten- und Landschaftsarchitekten verfügen, fehlt ihnen der richtige Bezugsrahmen, um die Bedeutung der Prinzipien richtig einschätzen zu können. Auf diese Weise bereichern sie sich auf Kosten der professionellen Designer und des Feng Shui!
Dies ist einer der Gründe, warum Feng Shui manchmal als New-Age-Unsinn oder als esoterische oder okkulte Modelaune abgetan wird. Feng Shui ist kein einfacher Trick, mit dessen Hilfe Sie Ihre Innenräume einrichten oder gestalten können. Feng Shui ist auch keine Handvoll simpler Regeln, ganz im Gegenteil, denn das langjährige Studium von Architekten, Innenarchitekten und anderen Designern ist mit Sicherheit keine nutzlose Zeitverschwendung.
Bei der Wahl eines Feng-Shui-Beraters/Beraterin sollte man vor allem darauf achten, daß er oder sie genügend Kenntnis und Fertigkeiten besitzt und zwar nicht nur auf dem Gebiet des Feng Shui.
So ist zum Beispiel ein Innenarchitekt, der Kenntnis auf dem Gebiet des Feng Shui besitzt, nicht der Richtige, um Sie bei der Gestaltung Ihres Gartens zu beraten, das umgekehrte gilt für einen Gartengestalter, der die gleiche Kenntnis des Feng Shui besitzt. Sie sollten den Berater, den Sie im Auge haben, grundsätzlich nach seiner beruflichen Erfahrung fragen.

3 Modernes Feng Shui

Eine gute Geschichte schreibt sich selbst.

Die Anordnungsmethode

Obwohl Feng Shui chinesischen Ursprungs ist, hat es sich nach und nach einen Platz in unserer Gesellschaft erobert. Befreit vom chinesischen und exotischen Beiwerk kann Feng Shui von jedem eingesetzt werden, gleich welcher Kultur, welchem Glauben, welcher Nationalität oder welcher Rasse er angehört. Die Behauptung, daß die ursprünglichen Prinzipien des Feng Shui aufgrund seiner großen Beliebtheit nicht konsequent genug angewendet werden, ist unberechtigt. Gerade die weitverbreitete Anwendung sowohl im Osten als auch im Westen verleiht Feng Shui seine universelle Bedeutung.
Im Laufe der Jahrhunderte haben sich zahllose Varietäten und Interpretationen des Feng Shui entwikkelt. Die in diesem Buch behandelte Methode ist die "Anordnungsmethode", die auf der Plazierung (dem Anordnen) von Mobiliar und Objekten beruht. Diese Methode basiert auf der Theorie der "Formschule", die auf Professor Thomas Lin Yun zurückgeht und auf der Arbeit mit dem Bagua.

Die Prinzipien der Formschule

Die Formschule basiert auf der Interpretation der morphologischen Kennzeichen der natürlichen Landschaft. Die günstigsten Feng-Shui-Standorte findet man, indem man die Form und den Standort der Hügel und Täler und den Lauf der Flüsse und Bäche feststellt.

In einer modernen, städtischen Umgebung erreicht man die Wirkung von Hügeln und Tälern, indem man Hochbau- und Flachbauweise auf vergleichbare Weise miteinander kombiniert. Die natürlichen Wasserstraßen findet man im Lauf des Straßen- und Eisenbahnnetzes zurück. Auf diese Weise kann man die Prinzipien auch auf das Niveau der Innenausstattung zurückführen.
Die Theorie der Formschule beschäftigt sich mit dem Schaffen einer behaglichen Umgebung (im Hause). Einerseits geht man davon aus, was Menschen in einem Raum erfahren und andererseits berücksichtigt man die künftige Funktion des Raums.
So birgt die Einrichtung die Funktion eines Raums in sich, jedoch auch die Zeit, die wir in ihm verbringen. An ein Büro, in dem wir unsere tägliche Arbeit verrichten, werden andere Anforderungen gestellt als an einen Seminarraum, der nur ab und zu gebraucht wird, allein schon durch den Unterschied im Hinblick auf die Zeit, die wir dort verbringen. Unsere Emotionen sind eine Widerspiegelung der Art und Weise, wie wir den Raum nutzen.
Achten Sie darauf, ob Sie sich wohl fühlen, wenn Sie einen Raum betreten oder ob das Gegenteil der Fall ist. Denn wenn Sie sich längere Zeit unbehaglich in einem Raum fühlen, kann dies Ihrer Gesundheit schaden.

Die himmlischen Tiere

Die Beschreibungen der morphologischen Kennzeichen von Landschaften haben im klassischen Feng Shui eine symbolische Bedeutung. Sie deuten auf den Zusammenhang zwischen den vier himmlischen Tieren hin, *der Schildkröte, dem Drachen, dem Tiger* und *dem Phönix.*

In Idealfall bilden sie eine hufeisenförmige Anordnung, die uns umschließt und beschützt. Eine solche Anordnung fühlt sich sicher und angenehm an und ist die Grundlage für das intuitive Erleben des Feng Shui.
In unserem Rücken finden wir ein stabiles, beschützendes Element, das von der Schildkröte symbolisiert wird, an den beiden Seiten werden wir von niedrigeren und weniger dominanten Elementen beschützt: links der Drache, rechts der Tiger und vor uns der Phönix. Der Blick ist nach vorne gerichtet und sollte eine weite Aussicht in die Richtung bieten, in die der Phönix (der mythologische Vogel) fliegt.
Das Entdecken der vier himmlischen Tiere an einem bestimmten Standort erfordert allerdings viel Vorstellungsvermögen und eine scharfe Intuition.
Sowohl eingeschlossene als auch völlig offene Stellen sind ungünstig. Eingeschlossene Standorte beeinträchtigen die Freiheit, sie sind die Ursache klaustrophobischer Gefühle und sie sind erdrückend. Völlig offene Stellen entbehren jeden Schutzes, negative Energien und Kräfte haben dort freies Spiel.

Abbildung 3.1 – Der ideale Feng-Shui-Standort

Das Feng-Shui-Kreuz

Das Feng-Shui-Kreuz ist ein praktisches Hilfsmittel, mit dem man schnell und leicht die fünf Himmelsrichtungen, die Assoziationen zu den fünf Elementen, die vier himmlischen Tiere, Numerologie, Ergänzungen u.ä. ermitteln kann. Es ist bei der Analyse von Einrichtungen auf der Grundlage der Prinzipien der Formschule des Feng Shui brauchbar. Bevor wir das Kreuz verwenden können, müssen wir erst den geographischen Norden feststellen.

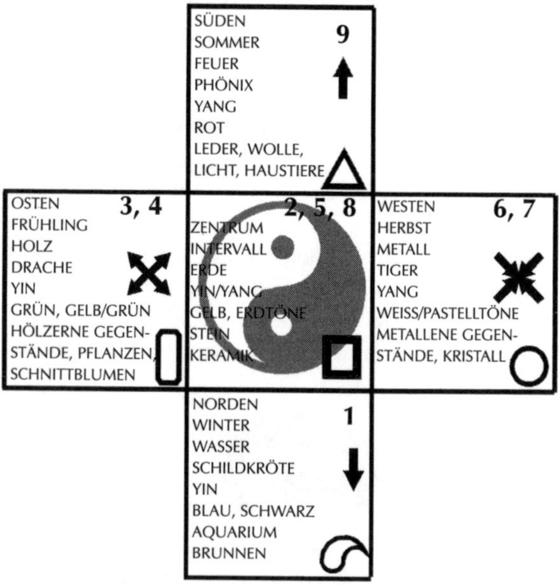

Abbildung 3.2 – Das Feng-Shui-Kreuz

Bei fertigen Räumen und Zimmern genügt es, wenn man die Nordseite des Kreuzes auf die Eingangsseite des Raums legt, da die Werte als solche interpretierbar sind, wenn die Blickrichtung und die Richtung des relativen Südens des Kreuzes identisch sind.

Das Einrichten eines Raumes

Die unbewußte Reaktion der meisten Menschen entspricht der Theorie der Formschule. Das menschliche Unterbewußtsein registriert die unsichtbaren Kräfte und Energien in unserem Umfeld. Ein Beispiel dieses Prinzips zeigt Abbildung 3.3.

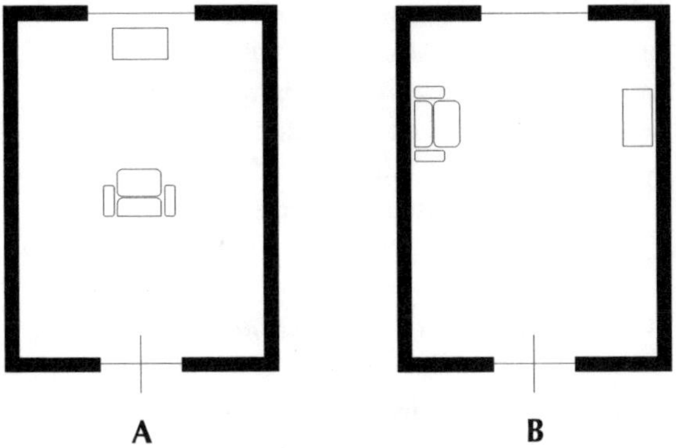

Abbildung 3.3

Situation A und Situation B zeigen beide die Anordnung eines Sessels und eines Fernsehers. Die meisten Menschen bevorzugen Situation B, da sie beim Fernsehen ein "Gefühl der Sicherheit" vermittelt. Wir reagieren unbewußt auf die drohende Energie, die A ausstrahlt. Wir sitzen am liebsten so, daß unser Rücken geschützt ist und wir haben gerne Übersicht über den Raum, in dem wir uns aufhalten. Eine solche Anordnung vermittelt uns ein sicheres Gefühl.
Eine ähnliche Situation tritt auf, wenn wir ein Restaurant betreten. Von zehn Menschen halten neun nach einem Tisch an einer der Seitenwände des Raums Ausschau, fast niemand setzt sich freiwillig an einen Tisch in der Mitte, wenn an den Außensei-

ten noch Platz ist, da wir uns dort behaglicher fühlen.
Die menschliche Intuition ist eines der wichtigsten Werkzeuge bei der Anwendung des Feng Shui. Damit wir unsere Intuition gut entfalten können, müssen wir die oft sehr subtilen Signale unserer Psyche viel besser beachten. Auf diese Weise erkennen wir, daß unser Bedürfnis nach Sicherheit und Behaglichkeit aus demjenigen, was unser Unterbewußtsein uns klarmachen will, entsteht.
Einen Raum erfahren wir auch mit unserem Rükken. Aus einer starken Rückendeckung schöpfen wir Kraft und Mut; wird uns dieser Schutz entzogen, so kostet uns das Kraft und Energie.

Die Arbeit mit dem Bagua

Die Grundlage für die Arbeit mit dem Bagua ist der bewußte Umgang mit Räumen. Dabei konzentrieren wir uns auf den Zusammenhang zwischen der Einrichtung eines Raums und den verschiedenen Lebensbereichen – Reichtum, Ruhm, Beziehungen, Familie, Tai Chi und Gesundheit, Kinder, Wissen, Karriere und hilfsbereite Freunde. Wir werden uns der Aspekte in unserem Leben bewußter, die uns wichtig sind. Jeder der genannten Lebensbereiche kann betont werden, indem im Raum Symbole eingesetzt werden.
Das Bagua ist ein sehr wichtiges Feng-Shui-Werkzeug. Es ist ein quadratisches Gittermuster, das sich aus neun identischen, kleineren Quadraten zusammensetzt, die jeweils einen bestimmten Lebensbereich repräsentieren.
Jeder Lebensbereich besteht aus mehreren spezifischen, energetischen Schichten, die mit individuellen Lebenssituationen zu tun haben und die ihrer-

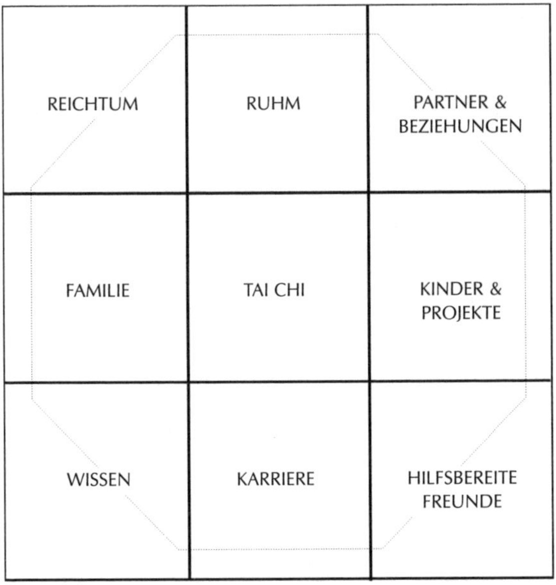

Abbildung 3.4 – Das moderne Bagua

seits Einfluß auf den Chi-Fluß haben. Diese holistische Herangehensweise ist typisch für Feng Shui: keine Komponente steht für sich, alle Komponenten bilden eine Einheit.
Die energetischen Schichten jedes Lebensbereiches enthalten Informationen über Farben, Strukturen, Materialien und Formen, die eingesetzt werden können, um diesen Lebensbereich hervorzuheben. Die Anwendung der fünf Elemente ist eine weitere Möglichkeit zur Akzentuierung eines Lebensbereichs.
Außer den fünf Elementen gibt es noch zahlreiche andere symbolische Mittel, welche die Aktivierung und Stimulierung der Lebensbereiche (folglich auch des Chi) fördern. So kann man sich sehr subjektiv auf einen bestimmten Lebensbereich konzentrieren

und die zu ihm gehörige Energie dem Ziel des individuellen Nutzers entsprechend stimulieren.
Das Bagua funktioniert unabhängig von den Kompaßrichtungen. Der (Haupt-) Eingang liegt immer in den Bereichen Kenntnis, Karriere oder hilfsbereite Freunde.

Die neun Lebensbereiche

Kenntnis Dieser Bereich ist der Kenntnis und der Selbstentfaltung zugeordnet. Es geht hier nicht nur um die Kenntnis, die man durch Studium und Lehrgänge erworben hat, sondern vor allem um Selbsterkenntnis und Entfaltung.

Karriere Dieser Bereich repräsentiert unsere Laufbahn, sowohl unsere Arbeitsstelle als auch unseren "Lebenspfad". Tun wir, was wir tun wollen und sind wir uns selbst treu?

Hilfbereite Freunde Sowohl Hilfe leisten als auch geholfen werden wird hier symbolisiert. Dieser Bereich hat mit Hilfe, Unterstützung und Schutz zu tun.

Familie Dieser Bereich bringt die Interaktion zwischen uns und unserer Familie (unseren Familien) zum Ausdruck, hier sind jedoch nicht nur die lebenden Menschen gemeint, sondern auch unsere Vorfahren. Laut I-Ging steht dieser Bereich für Eltern und Autorität, so daß auch Lehrer und Arbeitgeber dazugerechnet werden müssen.

Tai Chi Die Mitte des Bagua und das Zentrum unseres Daseins, unsere Gesundheit.

Kinder und Projekte Dieser Bereich steht nicht nur für Kinder aus Fleisch und Blut, sondern auch für die Dinge, die man als geistiger Vater erschaffen hat, für Projekte, die man in Angriff nimmt und für die Kreativität, die man hierzu benötigt. Die Unbefangenheit von Kindern ist die Grundlage der Kreativität.

Reichtum Wohlstand ist wichtig, die Qualität unseres Lebens jedoch ebenfalls. Dieser Bereich repräsentiert beides. Er steht für die Bereicherung unseres Lebens, in finanzieller, geistiger und körperlicher Hinsicht.

Ruhm Ansehen, Reputation, Name, Image. Werden wir gesehen, wie wir gesehen werden wollen? Genießen wir einen bestimmten Ruf? Stimmt unsere Beliebtheit mit unseren Wünschen überein?

Partner und Beziehungen Dieser Bereich steht für unsere Beziehung zu unserem Lebenspartner, jedoch auch für Freundschaften und Beziehungen im allgemeinen.

Die Wirkung von Feng Shui

Die Anordnungsmethode basiert auf der Plazierung von Gegenständen und Objekten in einem Raum, wie Möbel und ihr Einfluß auf das intuitive Erleben des Raums. Allen Dingen, die uns umringen, sollte Beachtung (= Energie) geschenkt werden, sogar wenn wir sie, nachdem wir uns an sie gewöhnt haben, nicht mehr bewußt wahrnehmen. Dies trifft auf die positiven, vor allem jedoch auf die negativen Elemente zu.

Feng Shui legt Nachdruck auf die positiven Elemente in einer Umgebung und versucht, die Aufmerksamkeit von störenden Dingen abzulenken. Auf diese Weise lernen wir, an die uns umringende Umgebung völlig neu heranzugehen, wie wenn wir sie zum ersten Mal sehen würden und wir lernen auch, die (emotionale) Bedeutung der Einrichtungselemente neu festzustellen.

Nur die Komponenten, die uns gut gefallen, haben Recht auf einen Platz in unserer Nähe, überflüssige Gegenstände hingegen müssen das Feld räumen. Sie treten ihren "Rang" zugunsten des Ganzen ab, wodurch die Möblierung zwar spärlicher wird, aber mehr Inhalt bekommt. Es entwickelt sich eine bessere "Kommunikation" mit unserem Umfeld und den Dingen, die uns umgeben.

Zusammenfassung

Die Prinzipien, wie sie in diesem Kapitel dargelegt wurden, sollen zu einer bewußteren Einrichtungsweise führen, die nicht auf Funktionalität und Ästhetik ausgerichtet ist.
Indem wir unsere Wohn- und Arbeitsräume ausgewogen und harmonisch einrichten, werden wir visuell daran erinnert, daß wir mit den übrigen Aspekten unseres Lebens das gleiche tun sollten.

Die Einrichtungsprinzipien der Formschule zeigen uns, wie wir eine komfortable Umgebung kreieren können, die Gemütlichkeit und Sicherheit ausstrahlt und in der wir zur Ruhe kommen können.
Das Bagua hilft uns dabei, die vielen verschiedenen Lebensbereiche zu benennen und sie in die richtigen Bahnen zu lenken.

Auch wenn es auf diese Weise eingesetzt wird, ist Feng Shui kein Wundermittel und keine Instantlösung, sondern erfordert viel Sorgfalt und kostet viel Arbeit. Das Akzentuieren der “Reichtumszone” in einem Raum bedeutet nicht, daß man über Nacht reich wird. Dieses Akzentuieren hat zum Ziel, daß wir den Aspekten, die das nötig haben, mehr Beachtung schenken, so daß unsere Handlungen gezielter werden. Diese Beachtung entfaltet sich jedoch wie von selbst, so daß wir sie nicht als zusätzlichen Kraftaufwand erfahren werden.
In den nachfolgenden Kapiteln werden verschiedene Aspekte von Betrieben und Unternehmen behandelt, sowohl im Hinblick auf die Innenräume als auch auf die Außenseite des Gebäudes. Ferner wird erklärt, wie die Theorie des Feng Shui in die Praxis umgesetzt werden kann.

4 Die Wahl des richtigen Standorts

Baue neue Häuser nie aus altem Holz!

Einführung

Zur Wahl des richtigen Standorts für die Ansiedlung eines Unternehmens sind die Prinzipien der Formschule des Feng Shui hervorragend geeignet.
Im Idealfall ist das Firmengebäudes so gelegen, daß die Interaktion zwischen dem Gebäude und seiner Umgebung der Anordnung der vier himmlischen Tiere entspricht. An der Rückseite wird das Gebäude von Hügeln oder hohen Gebäuden beschützt. Die benachbarten Gebäude sind etwa gleich hoch, große Objekte an der Vorderseite des Firmengebäudes sollten hingegen vermieden werden. Siehe Abbildung 4.1.

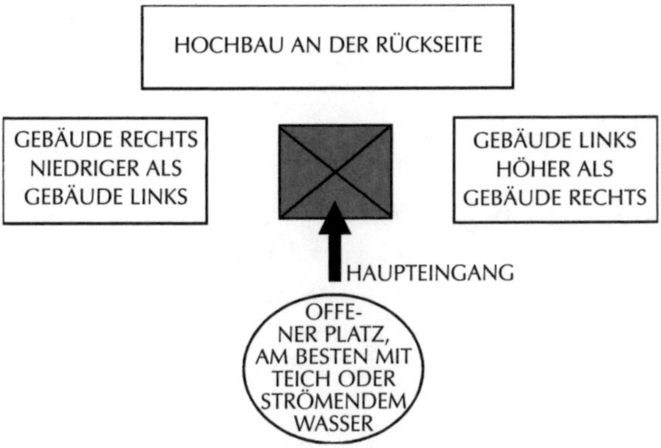

Abbildung 4.1 – Der "idealste" Feng-Shui-Standort

Am günstigsten ist es, wenn Sie an der Vorderseite des Firmengebäudes Aussicht auf Wasser haben, in Form eines Baches, eines Sees, eines Teiches oder eines Brunnens, allerdings unter der Voraussetzung, daß das Wasser sehr sauber ist. Verschmutztes Wasser ist ein Nährboden für Sha Chi.
Ihr Firmengebäude sollte auf keinen Fall zwischen zwei höheren Gebäuden "eingeklemmt" stehen. Die zwei höheren Gebäude an den Seiten "kämpfen" um Beachtung, auf Kosten des kleineren Gebäudes in der Mitte. Siehe Abbildung 4.2.

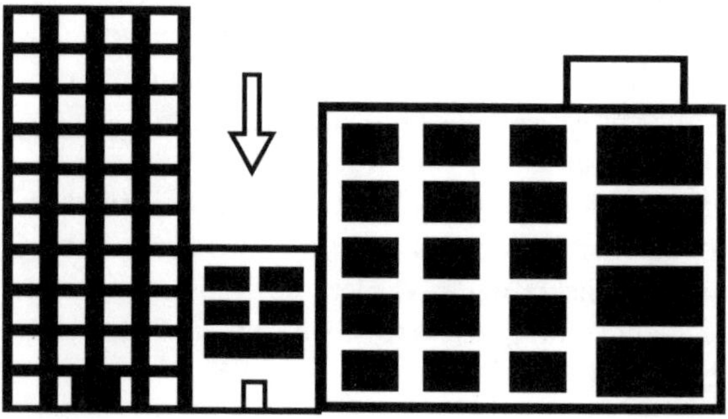

Abbildung 4.2

Wasser und Feng Shui

Im Feng Shui gilt Wasser als Symbol für Reichtum, Glück und Wohlstand. Laut dem antiken Buch über Feng Shui, *der klassische Wasserdrache*, ist der günstige Standort eines Gebäude auch von der Lage eines Wasserlaufes und der Richtung, in die das Wasser fließt, abhängig.
Mit ein wenig Phantasie und Vorstellungskraft können diese authentischen Texte auf das moderne Straßen- und Eisenbahnnetz übertragen werden.

Eine wichtige Bedingung für gutes Feng Shui ist, daß Wasser in Richtung des Bauwerks strömt und nicht von ihm wegfließt, da dies die symbolische Bedeutung hat, daß Glück und Wohlstand aus dem Gebäude hinausfließen. Das Wasser sollte allerdings nicht wie ein Pfeil auf das Gebäude gerichtet sein, sondern beschützend "um" das Gebäude herum fließen. Abbildung 4.3 zeigt einen günstigen und ungünstigen Standort an einer Biegung.

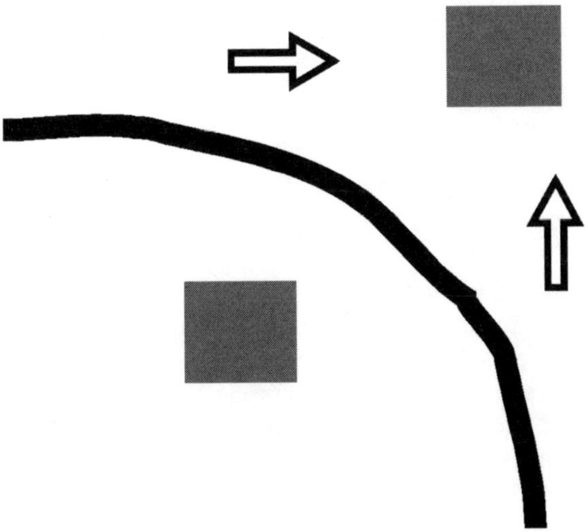

Abbildung 4.3 – Ein günstiger und ein ungünstiger Standort an einer Biegung. Der obere Standort ist der aggressiven Kraft des Flusses ausgesetzt, der untere hingegen liegt beschützt "eingebettet".

Ein Gebäude sollte auf keinen Fall am Ende einer langen, geraden Straße liegen. Durch eine solche lange, gerade Strecke hat Chi die Gelegenheit, sich zu beschleunigen, bevor es das Gebäude, und jeden, der sich in ihm aufhält, überwältigt.

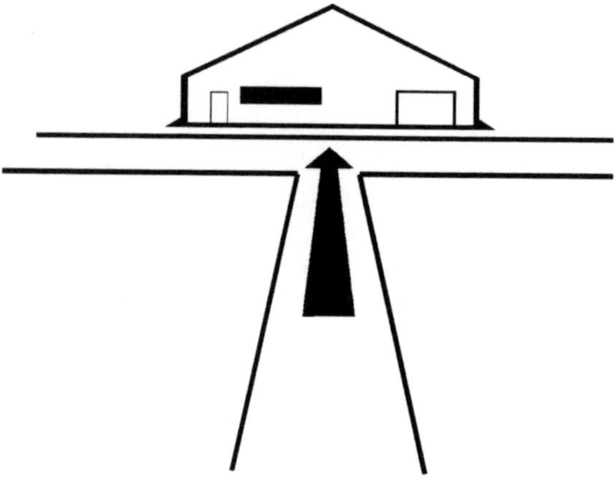

Abbildung 4.4 – Ein Gebäude am Ende einer geraden Straße ist schlechtes Feng Shui.

Eine Situation kann sehr leicht kontrolliert werden, indem man das Verhalten des Verkehrs vor Ort untersucht. Schnellt dieser mit relativ hoher Geschwindigkeit auf Ihr Gebäude zu (siehe Abbildung 4.4) und wird das Tempo erst kurz vor dem Gebäude gedrosselt, ist fast immer gleichbedeutend mit schlechtem Feng Shui.
Eine gut beleuchtete, kurvenreiche Straße ist hervorragendes Feng Shui.

Aussicht und benachbarte Gebäude

Im Feng Shui ist die Aussicht am Haupteingang sehr wichtig. So entsteht Sha Chi durch die Spitzen und Ecken, welche die Linien der Dächer der gegenüberliegenden Gebäude bilden, die von der Eingangstür aus sichtbar sind. Feng Shui geht davon aus, daß alles, was sichtbar ist, von Einfluß ist. So können Bäu-

me zum Beispiel störende Objekte verbergen und somit schädliche Einflüsse beseitigen.
Im Feng Shui sollte die Nähe bestimmter baulicher Elemente und Anlagen gemieden werden. So empfiehlt es sich, keine Gebäude in unmittelbarer Nähe von Kirchen, Kraftwerken und Hochspannungsleitungen zu beziehen. Diese Bauten sind oft so entworfen, daß sie Sha Chi erzeugen.

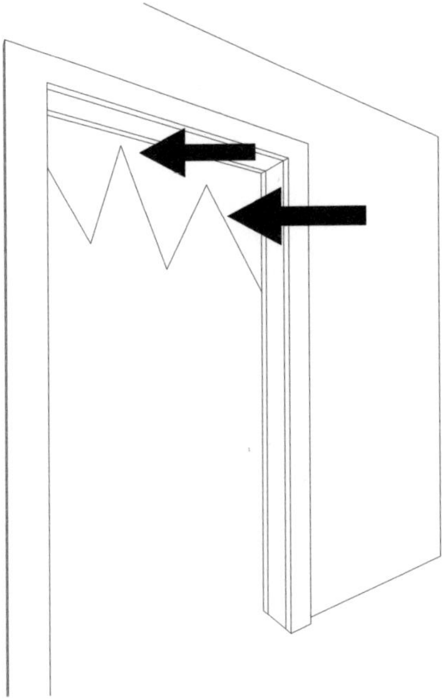

Abbildung 4.5 – Aussicht auf spitze Dächer und Formen ist schlechtes Feng Shui.

5 Der Firmeneingang

*Die Suche nach Gestern
erleichtert das Finden von Morgen.*

Einführung

Ein Besucher bekommt einen ersten Eindruck von einer Firma, wenn der das Firmengelände betritt. Darum haben Sie nur eine einzige Chance, um einen gewinnenden ersten Eindruck zu machen. Vom Zugang des Geländes bis zum Eingangsbereich des Gebäudes sollte eine aufbauende Energie realisiert werden.
Der Weg, der zum Eingang führt, sollte nicht gerade, sondern leicht gekrümmt und gut gepflastert sein. Schäden an der Pflasterung, wie "wackelnde" Pflastersteine, sollten sofort behoben werden, da sie einen instabilen Eindruck machen, was Sie als Unternehmer natürlich vermeiden wollen.

Beleuchtung in regelmäßigen Abständen, so daß der Weg auch im Dunkeln gut sichtbar ist, ist eine entgegenkommde Geste gegenüber Ihren Besuchern und gutes Feng Shui.

Der Eingangsbereich

Die Eingangstür sollte gut erkennbar sein (sie wird oft mit Hilfe eines Vordaches akzentuiert). Bedenken Sie, daß eine Tür, die sich nach innen öffnet, viel einladender ist als eine Tür, die sich nach außen öffnet, denn bei einer solchen Tür müssen Besucher erst einen Schritt zurücktreten, bevor sie das Gebäude betreten können.

Eine Drehtür trägt zu einer besseren Zirkulation des Chi bei.
Der Eingang sollte Ihren Besuchern das Gefühl vermitteln, daß sie mit "offenen Armen" empfangen werden. Auch am Eingang des Gebäudes haben Sie die einmalige Chance, den Eindruck, den Ihre Besucher von der Firma bekommen, zu beeinflussen. Stellen Sie sich einmal vor, daß Sie eine alte Kathedrale oder Basilika betreten und malen Sie sich aus, welche Assoziationen dies bei Ihnen weckt. Die alten Baumeister verstanden sich hervorragend darauf, sich die Tatsache zunutze zu machen, daß alle Proportionen im Bau auf den Maßen und Verhältnissen des menschlichen Körpers beruhen und sie wußten auch, wie sie dieses Wissen anwenden mußten, damit der erzielte Effekt imponierend war.

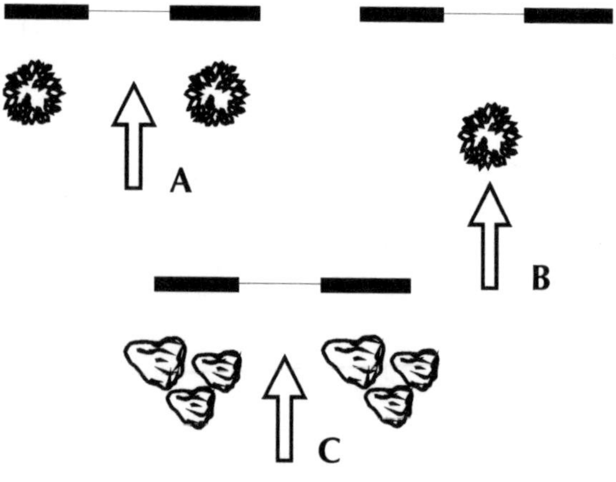

Abbildung 5.1 – Verschiedene Situationen, die Chi daran hindern, in ein Gebäude zu gelangen. A zeigt eine Blockade durch zwei Bäume, B eine Blockade durch einen Baum in der Mitte und C durch Findlinge, die zur Dekoration dienen.

Die Toiletten sollten außer Sichtweite liegen, das gleiche gilt auch für Unordnung und ein Zuviel an Einrichtung. Versuchen Sie den Raum mit Hilfe von Spiegeln und Farben visuell zu vergrößern, falls die Eingangshalle sehr klein ist. Sorgen Sie für eine gute Beleuchtung, die unter anderem die Garderobe akzentuiert.

Blockaden des Eingangs

Man sollte unbedingt darauf achten, daß der Eingang nicht von Elementen blockiert wird, die eigentlich zur Verschönerung dienen sollen, siehe Abbildung 5.1.

Die Empfangshalle und Rezeption

Die erste Person, die ein Besucher einer Firma normalerweise sieht, ist der Empfangschef oder die Empfangsdame. Selbstverständlich sollte die bewuß-

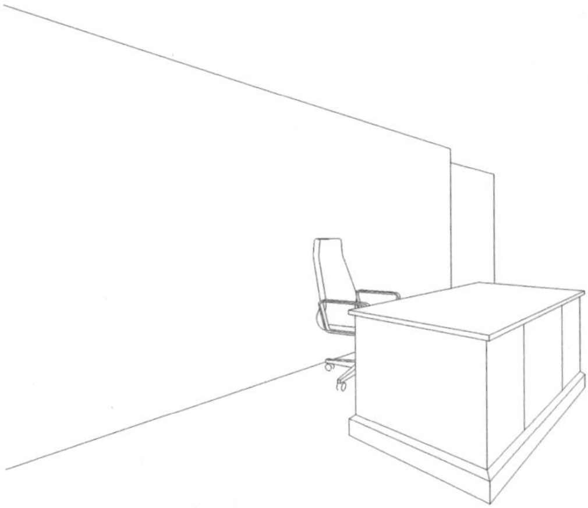

Abbildung 5.2 – Die Empfangsdame sollte eine schützende Wand im Rücken haben.

te Person gepflegt aussehen und eine positive Ausstrahlung haben.
Die Empfangsdame kann in mancher Hinsicht eine positivere Ausstrahlung bekommen, wenn bei der Einrichtung Feng Shui eingesetzt wird. Die Empfangsdame (der Deutlichkeit halber gehen wir von einer weiblichen Person aus) sollte den Schutz der Firma spüren können, die ihr "Rückenstärkung" gibt. Sorgen Sie dafür, daß sich im Rücken der Empfangsdame eine solide Wand befindet. Siehe Abbildung 5.2.

Sorgen Sie auch dafür, daß sie nicht genau gegenüber der Eingangstür sitzt, da das eintretende Chi sie sonst überwältigen könnte.
Falls es nicht möglich ist, den Eingangsbereich auf diese Weise einzurichten, sollten Sie auf jeden Fall dafür sorgen, daß das Muster des Bodenbelags rechtwinklig auf die Laufrichtung steht, damit der Energiefluß optisch gebremst wird. Dunkle Ecken können mit Hilfe von Pflanzen und Leuchten aktiviert werden.

Übrige Schwerpunkte

Welche Assoziation weckt die Rezeption, wie riecht es dort und was hören Sie, wenn Sie dort warten müssen? Eindrücke werden uns von unseren Sinnesorganen vermittelt: Tastsinn, Geschmack, Geruch, Sehvermögen und Gehör.

Den Tastsinn kann man beeinflussen, indem man synthetische Materialien vermeidet, die eine statische Ladung bewirken, so daß jemand einen "Schock" bekommt, wenn er einen metallenen Gegenstand berührt.

Der Geschmack wird zum Beispiel stimuliert durch eine Tasse Kaffee, die jemand angeboten bekommt, wenn er oder sie noch auf den Termin warten muß.
Der Geruch kann beeinflußt werden, indem man Kunstgriffe der Aromatherapie einsetzt. Es ist sicher sinnvoll, sich hierüber eingehender zu informieren und für den geschäftlichen Erfolg anzuwenden. Ein penetranter Geruch in Ihrer Empfangshalle wird mit Sicherheit keinen positiven Eindruck hinterlassen.
Das Sehvermögen kann durch eine ausgewogene Einrichtung beeinflußt werden. Zum Glück bedeutet die Anwendung der Regeln des Feng Shui fast immer auch eine ästhetische Verbesserung.
Der Besucher weiß Hintergrundmusik mit Sicherheit zu würdigen. Nehmen Sie Musik, die zum Image Ihrer Firma paßt.
Moderne Synthesizerklänge eignen sich zum Beispiel für einen Softwarefabrikanten, klassische Musik hingegen paßt eher zu traditionelleren Firmen.
Wenden Sie alle Möglichkeiten an, um einen guten Eindruck zu hinterlassen, denn Sie haben nur eine einzige Chance.

6 Die Einrichtung des Büros

Rufe nicht zu laut,
denn das Echo kann dich treffen!

Einführung

Die Einrichtung eines Büro ist äußerst wichtig, denn dort verbringen die Arbeitnehmer den größten Teil ihres Tages. Ein schlecht eingerichtetes Büro kann zu Streß und Spannungen führen, was wiederum die Qualität der Arbeit beeinflußt und somit indirekt auch den Umsatz.

Feng-Shui-geschulte Manager sind sich der Wichtigkeit der Plazierung des Mobiliars bewußt. Eine gute Büroeinrichtung trägt zu einer harmonischen Arbeitssituation bei. Manager, deren Arbeitsplatz nach den Prinzipien des Feng Shui eingerichtet ist, haben im allgemeinen wenig Schwierigkeiten mit den Arbeitnehmern.

Die Lage des Büros

Es ist wichtig, daß man, wenn möglich, ein Büro bezieht, das nicht am Ende eines Flurs liegt.
Der Chi-Fluß kann zu stark anschwellen und alle Mitarbeiter im Büro überwältigen. Andere Stellen, die man unbedingt vermeiden sollte, sind die unmittelbare Nähe des Eingangs und der Raum bei den Toiletten.

Ein für ein Büro geeigneter Raum sollte tiefer im Inneren des Gebäudes liegen, am besten schräg gegenüber der Eingangstür. Siehe auch Abbildung 6.1.

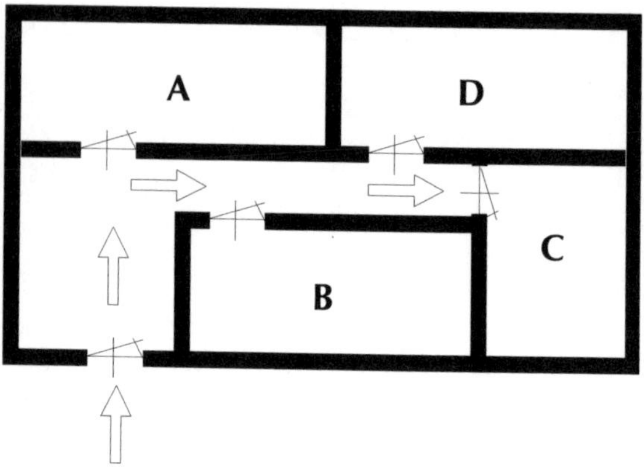

Abbildung 6.1 – Standort A ist ungeeignet, da er in einer Linie mit dem Eingang liegt; B liegt zu dicht beim Eingang; C liegt am Ende eines Flurs und ist darum ebenfalls ungeeignet, D ist die ideale Lage für ein Büro.

Die Anordnung im Büro

Im Feng Shui sind quadratische oder rechteckige Büros besser als Büros mit einem unregelmäßigen Grundriß. Quadrate und Rechtecke stehen für das Element Erde, das Bindeglied zwischen den anderen vier Elementen.

In Büros mit einem unregelmäßigen Grundriß sind Teile des Bagua nicht vorhanden, so daß immer ein Lebensbereich oder sogar mehrere fehlen. Die fehlenden Bereiche können jedoch mit Hilfe von Kunstgriffen in das Büro einbezogen werden, indem Spiegel, Leuchten oder gartenarchitektonische Elemente eingesetzt werden.

Am besten ist es natürlich, wenn man den fehlenden Bereich anbaut, aber das liegt wahrscheinlich nicht immer im Bereich der Möglichkeiten. Wählen Sie lieber ein kleineres Büro mit der richtigen Form als

ein großes Büro, dessen Grundriß unregelmäßig beschaffen ist.
Falls mehrere Büros von einem Flur abzweigen, sollte man unbedingt vermeiden, daß die Türöffnungen in den Wänden einander gegenüber liegen. Wenn sie gegeneinander versetzt angeordnet sind, hat Chi die Möglichkeit, sich im Zickzack durch den Flur zu bewegen, so daß seine Geschwindigkeit abgebremst wird.
Türen von Büros, die sich nach innen öffnen, stehen

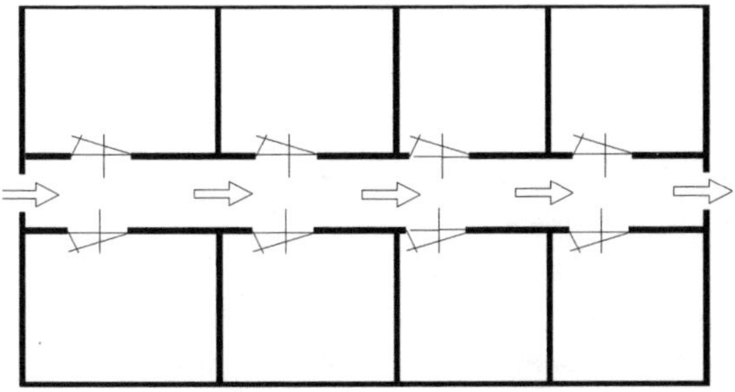

Abbildung 6.2 – Schlechtes Feng Shui: die Eingangstüren der Büros liegen einander gegenüber.

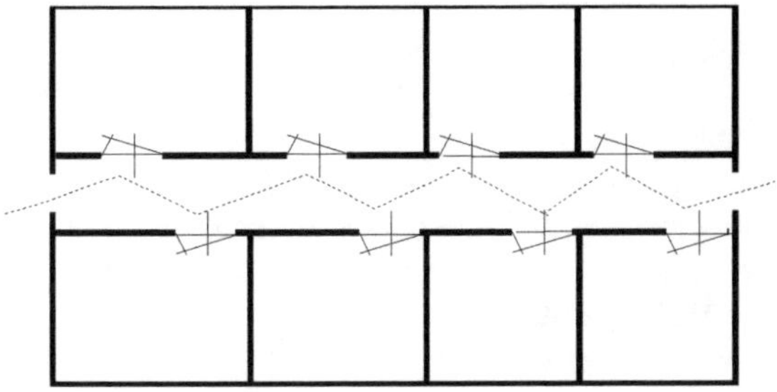

Abbildung 6.3 – Gutes Feng Shui: die Türen sind gegeneinander versetzt angeordnet und Chi wird abgebremst.

für gutes Feng Shui. Das Chi kann so, ohne allzu viel Widerstand, in die Räume gelangen. Siehe auch Abbildung 6.2 und 6.3

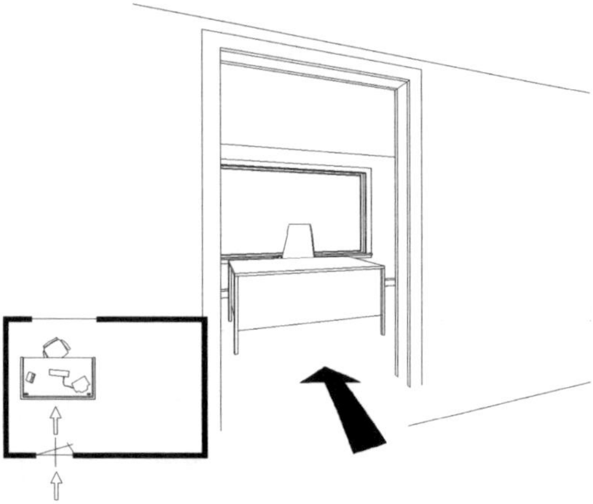

Abbildung 6.4 – Der Schreibtisch steht vor dem Fenster (keine Rückendeckung) und zu dicht bei der Eingangstür.

Die Einrichtung des Büros

Positionieren Sie einen Schreibtisch so, daß er genügend Rückendeckung bietet. Sitzen Sie niemals mit dem Rücken zur Tür oder zu einem Fenster. Eine solide Wand sorgt zum Beispiel für die nötige Rükkendeckung.
Eine symbolische "Rückenstärkung" sind die Abbildung einer Schildkröte oder von Bergen, ein kräftiger Ausdruck von Stabilität. Seien Sie vorsichtig bei der Wahl des Mobiliars.
Ecken sind giftige Pfeilspitzen und sollten soviel wie möglich vermieden oder, wenn möglich, abgerundet werden. Das Grundprinzip des Feng Shui ist das ungehinderte Fließen des Chi.

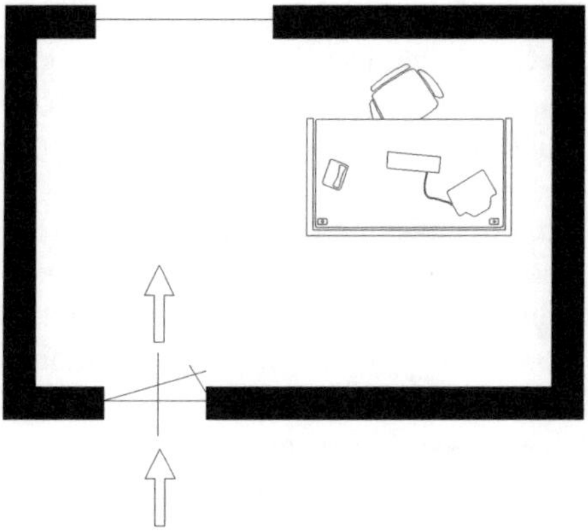

Abbildung 6.5 – Diese Anordnung ist gut. Der Schreibtisch steht schräg gegenüber der Tür, eine solide Wand bietet gute Rückendeckung.

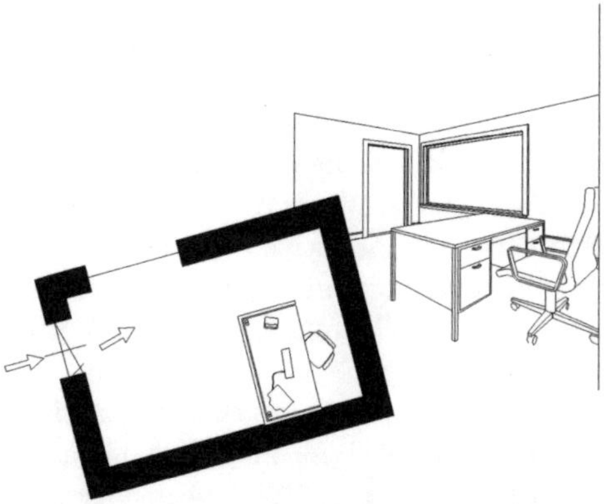

Abbildung 6.6 – Eine richtige Anordnung. Im Rücken sollten sich keine Bücherregale befinden. Sie sind ein Symbol für dasjenige, was der Vergangenheit angehört.

Spitze oder kantige Möbel, Papierstapel und angehäufte Dokumente, überquellende Papierkörbe, offene Schranktüren und Schubladen, dies alles trägt dazu bei, daß das Chi nicht mehr ungehindert

fließen kann. In Büros, in denen nicht aufgeräumt und saubergemacht wird, ist der Chi-Fluß alles andere als optimal, was sich negativ auf die Kreativität und die Tätigkeit der dort arbeitenden Menschen auswirkt.
Büros sollten ordentlich und sauber sein, das steigert die Arbeitsfreude und somit die Produktivität. Der physische, sichtbare Zustand in einem Büro repräsentiert symbolisch den allgemeinen Stand der Dinge.
Zahlreiche Papierstapel in einem Büro symbolisieren Arbeit, die sich häuft, eine Tatsache, die das unangenehmes Gefühl vermittelt, daß man den vielen Projekten nicht mehr gewachsen ist.
Jemand, der seinen Schreibtisch aufgeräumt und seine Papiere geordnet hat, ist Herr der Lage. Auf den Schreibtischen vieler Topmanager herrscht Ordnung, auch wenn sie noch so viel Arbeit bewältigen müssen. Ihre Angelegenheiten sind geordnet und sie werden nicht unnötig von allerlei Dingen abgelenkt.
Eine Schreibtischplatte sollte weder schwarz noch weiß sein. Weiße und schwarze Arbeitsplatten sind entweder zu arm oder zu reich an Kontrasten. Darum kann man durch die Arbeit an einem solchen Schreibtisch sehr schnell ermüden. Siehe auch Kapitel 10 über Möbeldesign.
Hinter dem Arbeitsplatz sollten sich keine Archivschachteln, Bücherregale und ähnliches befinden. Dieser Bereich ist ein Symbol für die Vergangenheit. Darum ist es schlechtes Feng Shui, wenn man dort aktuelle Dinge unterbringt.

Ein Büro für mehrere Mitarbeiter

Alle bisher genannten Ratschläge beziehen sich auf ein Büro, in dem ein einziger Mitarbeiter tätig ist. Wenn mehrere Menschen in einem Raum arbeiten, müssen die Prinzipien ein wenig angepaßt werden.

Wichtig für das Realisieren einer Einrichtung nach Feng Shui sind die nachfolgenden Schwerpunkte:

- Jeder sollte die Eingangstür des Raums sehen können
- Versuchen Sie, die Schreibtische so zu plazieren, daß Sie während der Arbeit jederzeit eine Wand im Rücken haben
- Sie sollten niemals mit dem Rücken zu einem Fenster sitzen
- Stellen Sie Schreibtische aus dem Durchgang
- Sorgen Sie für einen Schreibtisch, der für die Arbeit, die an ihm verrichtet werden muß, groß genug ist.

Abbildung 6.7 verdeutlicht die Situation in einem Büro für mehrere Mitarbeiter.

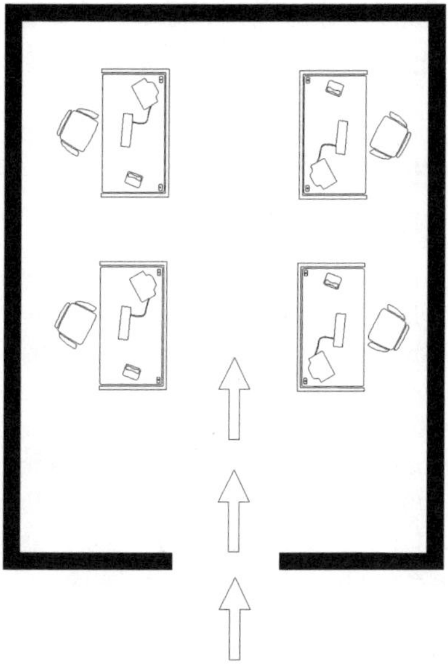

Abbildung 6.7 – Ein Büro für mehrere Mitarbeiter

Die Anwendung des Bagua

Wenn der Grundriß des Büros bekannt ist, so kann das Bagua (siehe Kapitel 3) zwecks Aktivierung und Stimulierung der verschiedenen Lebensbereiche eingesetzt werden, um auf diese Weise geschäftlichen Erfolg zu erzielen.
Eine solide Finanzlage ist für jede Firma lebenswichtig, darum ist es sehr nützlich, die Aktivierung der Reichtumszone in einem Büro als erstes in Angriff zu nehmen. Setzen Sie die Symbolik des Feng Shui (und des Bagua) ein und schaffen Sie eine harmonische Einrichtung, die ein angenehmes Arbeitsklima schafft.
Pflanzen sind nicht nur dekorativ, sie stehen auch für Yin-Energie. Darum stellen sie einen guten Kontrast zur Yang-Energie der – inzwischen in fast jedem modernen Büro gegenwärtigen – Computer und Drucker dar. Auf diese Weise kann das Gleichgewicht zwischen Yin und Yang wiederhergestellt werden.

Veränderungen und Anpassungen

Behalten Sie Veränderungen im Auge. Die Evolution ist ein Prozeß der Veränderungen, der sich in vielen Millionen von Jahren vollzogen hat und, noch wichtiger, noch nicht beendet ist. Auch Ihre persönliche Entwicklung steht nie still, sie ist im Grunde ein dynamischer und interaktiver Teil Ihres Daseins.
Im Laufe der Zeit verändern sich Ihre Einsichten und Wünsche und folglich wäre es ratsam, auch Ihre Büroeinrichtung von Zeit zu Zeit zu überprüfen. Vielleicht stellt es sich als nötig heraus, daß Sie die Feng-Shui-Hilfsmittel an Ihre veränderten Einsichten anpassen müssen.

7 Das Chefzimmer

*Die Erfahrung von gestern
bietet keine Sicherheit für morgen*

Die Einrichtung des Chefzimmers

Die Räume, in denen Entscheidungen getroffen werden müssen, wie das Chefzimmer, das Büro eines Abteilungsleiters oder eines stellvertretenden Chefs, sollten mit besonders großer Sorgfalt eingerichtet werden. Da im Chefzimmer oft äußerst wichtige Entscheidungen getroffen werden müssen, ist das Erzielen eines guten Feng Shui in diesem Raum sehr wichtig für das Los der ganzen Firma. Wenn das Feng Shui des Chefzimmers schlecht ist, so könnte dies sehr ungünstige Folgen für den Geschäftserfolg der Firma haben. Gerade hier können entscheidende und kostspielige Fehler begangen werden, wenn die Einrichtung zu Konzentrationsschwäche und Ablenkung führt.

Die erste Regel lautet: für den Chef muß das beste und imponierendste Büro reserviert werden, das schräg gegenüber dem Eingang des Firmengebäudes liegen sollte (Siehe Kapitel 6).

Die Anordnung

Für das Chefzimmer gelten die gleichen Prinzipien wir für die Einrichtung "gewöhnlicher" Büros (Siehe Kapitel 6), die jedoch von einigen zusätzlichen Punkten ergänzt werden.
Ein Chefzimmer sollte auf gar keinen Fall zu viele Türen haben. Nach Feng Shui führt dies zu Streit

und Konflikten. Auch in praktischer Hinsicht ist es viel schwerer, in einem solchen Raum einen guten Platz mit Rückendeckung zu finden.

Seminarräume und Besprechungstische

Im Falle von Direktionen, die aus mehr als einer Person bestehen, werden Entscheidungen vor allem am Besprechungsstisch getroffen. Der Platz des Vorsitzenden befindet sich am oberen Ende des Tisches. Auch in jetzt sollte der Vorsitzende nicht mit seinem Rücken zu einer Tür oder zu einem Fenster sitzen.

Von einem Glas- oder Acrylglastisch wird im Feng Shui abgeraten, da er keinen "soliden" Eindruck macht. Obendrein kann jeder die Beine der anderen sehen, was auch nicht gerade angenehm ist.

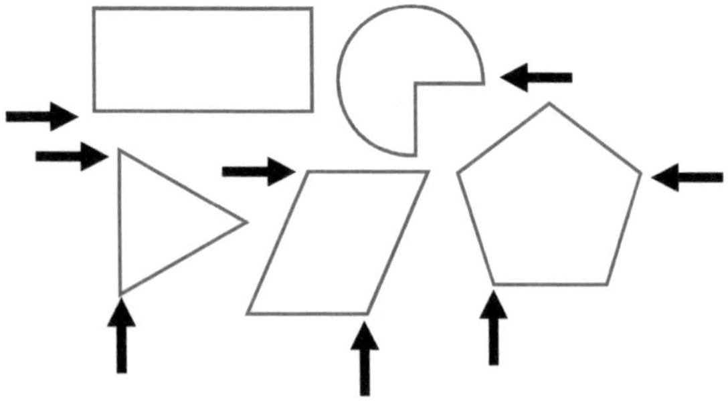

Abbildung 7.1 – Obenstehende Formen sind, den Prinzipien des Feng Shui zufolge, aufgrund ihrer spitzen Ecken, weniger gut als Schreibtische, Tische u.ä. geeignet.

Abbildung 7.2 – Geeignete Formen im Feng Shui.

Ein ovaler oder runder Konferenztisch wird im Feng Shui empfohlen. Ein rechteckiger Tisch hat Yang-Energie und hält Energie fest. Ein mehr oder weniger kreisförmiger Tisch steht für Yin und stößt Energie ab. Versammlungen an solchen Tischen

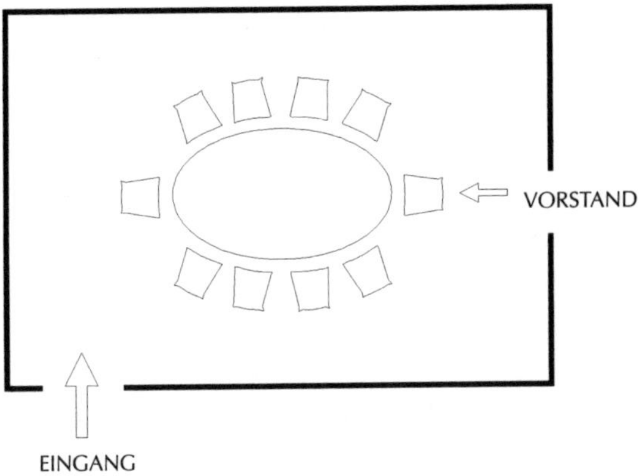

Abbildung 7.3 – Der "beste" Platz für den Vorstand. Ein strategischer Stuhl mit Rückendeckung durch die Wand.

dauern weniger lang, da die Teilnehmer nach der Versammlung nicht “hängenbleiben”. Siehe Abbildung 7.3.

Der "Ming-Tang"

Außer dem Schreibtisch, dem Konferenztisch und dem Platz zur Ablage von Büchern und Papieren gibt es in chinesischen Arbeitszimmern traditionsgemäß einen weiteren Bereich, den sogenannten “Ming Tang”. Dies ist ein aufgeräumter Platz im Büro, an dem ein bequemer Stuhl mit einer guten Rückenlehne steht (Schutz an der Schildkrötenseite). Dieser Platz wird geschaffen, damit man in aller Ruhe über seine Arbeit nachdenken kann, ohne gleich mit Papierstapeln, ungeöffneter Post und Merkzetteln konfrontiert zu werden.
Sie werden bestimmt erstaunt darüber sein, daß dieser Platz, an dem Sie kurz Ihre Gedanken ordnen und kreative Ideen entwickeln können, eine erfrischende Energie ausstrahlt, da Sie nicht von liegengebliebener Arbeit abgelenkt werden.
Versuchen Sie, falls dies möglich ist, auch im Chefzimmer Ihrer Firma einen solchen Platz einzurichten.

Anwendung des Bagua auf dem Schreibtisch

Auch der Schreibtisch kann, wie Büros und Räume, mit Hilfe des Bagua analysiert werden. Die unteren drei Bereiche werden an die “Sitzplatzseite” angelegt; der Sitzplatz spielt also die gleiche Rolle wie die Eingangstür eines Raums. Auf diese Weise wird der Schreibtisch in neun Bereiche unterteilt.

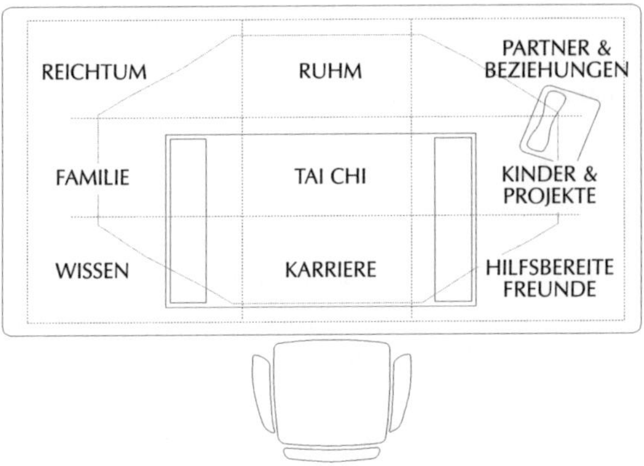

Abbildung 7.4– Anwendung des Bagua auf dem Schreibtisch.

Ein Computer steht in fast jedem Büro. Feng Shui rät dazu, den Computer nicht auf den Schreibtisch zu stellen, sondern auf einen hierfür bestimmten Tisch. Auf dem Schreibtisch beansprucht der Computer fast einen ganzen "Lebensbereich", so daß dieser Bereich nicht aktiviert werden kann.

Zum Einrichten und Gestalten des Schreibtischs ist ein wenig Phantasie erforderlich. Wenn man vor allem telefonisch Geschäfte abschließt, so empfiehlt es sich, den Apparat (oder die Basisstation) in den "Reichtumsbereich" zu stellen. Auch Plazierung im "Partner- & Beziehungsbereich" ist möglich.
Legen Sie keine unbezahlten Rechnungen oder unbeantwortete Post in den "Reichtumsbereich", denn er sollte ein symbolischer Platz sein, an dem Reichtum "hereinfließen" kann und sollte darum freigehalten werden. Ein dekorative, leere Schale oder ganz einfach "Nichts" eignet sich an dieser Stelle am besten.

Der Bereich “Ruhm” ist der geeignete Platz für eine Auszeichnung, die Sie erhalten haben, wie zum Beispiel als “Manager des Jahres”. Auch eine Erinnerung, wie an ein erfolgreiches Golfturnier, kann hier Wunder wirken.

Das Familienfoto wird im “Familienbereich” aufgestellt und ein spielerisches Element (vielleicht eine Bastelarbeit Ihrer Kinder) paßt hervorragend in den Bereich “Kinder & Projekte”.

Seien Sie kreativ und probieren sie die verschiedenen Möglichkeiten aus.

8 Das Sprungbrett zum Erfolg

Glück erfährt man niemals
auf Kosten des Glücks von anderen

Die Verwendung von Markenzeichen

Fast jedes Unternehmen, fast jede Institution oder Instanz präsentiert sich mit Hilfe eines ansprechenden Logogramms oder Markenzeichens. Da dieses Logogramm oder Markenzeichen als Blickfang auf Briefpapier, Visitenkarten, Firmenwagen, auf Fassaden und in der Werbung erscheint, ist es ein sehr wichtiger Aspekt für die Erkennbarkeit einer Firma. Ein weltberühmtes Beispiel ist die stilisierte Darstellung eines Lenkrads, das bekannte Markenzeichen des Automobilfabrikanten Mercedes Benz.

Abbildung 8.1 – Das weltberühmte Markenzeichen von Mercedes Benz.

Zwischen einem Logogramm und einem Markenzeichen gibt es einen Unterschied. Ein Logogramm

Abbildung 8.2 – Die Logogramme von zwei bekannten Computerunternehmen.

ist eine Gruppe von Buchstaben, die zusammen eine Darstellung ergeben. So zeigt Abbildung 8.2 zwei Logogramme.
Ein Markenzeichen ist die Visualisierung einer Idee. Beispiele sind das schon eher erwähnte Markenzeichen von Mercedes (siehe Abbildung 8.1) oder das Symbol der Ölgesellschaft Shell (siehe Abbildung 8.3). Ein guter Entwurf eines Logogramms oder Markenzeichens steht und fällt mit Einfachheit. Eine oftmals sehr komplizierte Idee wird in einer einfachen Darstellung "verpackt".

Abbildung 8.3 – Shell wählte die vereinfachte Darstellung einer Muschel, die sowohl den Firmennamen andeutet als auch auf den fossilen Ursprung des Erdöl hinweist.

Feng Shui und das Markenzeichen

Feng Shui bietet auch Anhaltspunkte für das Entwerfen eines Logogramms oder Markenzeichens. Als Grundregel gilt, daß regelmäßige Formen unregelmäßigen Formen grundsätzlich vorzuziehen sind und daß symmetrische Darstellungen immer günstiger sind als asymmetrische. Unvollständige Formen sind schlecht (siehe Grundriß) und geometrische und abstrakte Formen sind eher ungünstig.
Die Symbolik, die das Markenzeichen ausstrahlt, kann Glück oder Unglück bedeuten. Achten Sie auf die subtilen Einzelheiten, die durch eine einfache Änderung viel mehr Wirkung erzielen.
Die Darstellung sollte harmonisch sein und Gleichgewicht ausstrahlen, kurzum, Yin und Yang sind in perfektem Einklang. Ein ausgewogenes Kräftever-

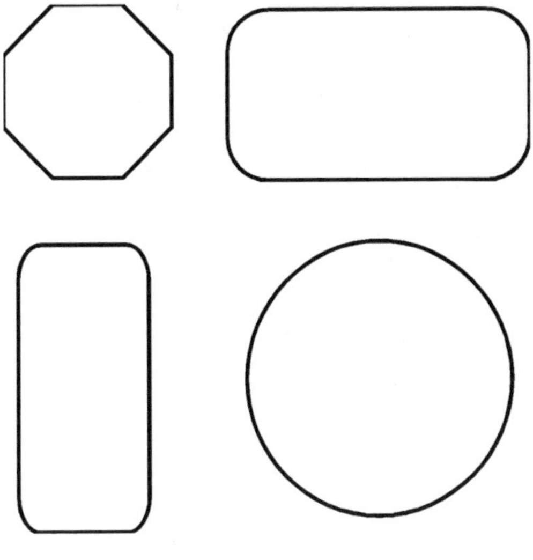

Abbildung 8.4 – Alle symmetrischen Formen eignen sich.

hältnis zwischen Größe und Farbe und eine sorgfältige Anwendung von Formen und Proportionen ergeben ein angenehmes Bild.
Das Entwerfen und Entwickeln eines Firmenzeichens ist nicht einfach. Eine bewährte Methode ist das Aufstellen einer Liste, die alle Ideen enthält, die visualisiert werden müssen. Versuchen Sie, zu jedem Wort auf der Liste schnell eine Skizze anzufertigen und versuchen Sie danach, die gefundenen Elemente soviel wie möglich miteinander zu kombinieren, bis schließlich eine einzige Darstellung übrigbleibt. Das Design des Logogramms oder des Markenzeichens muß als positiv erfahren werden.

Westliche Symbole versus asiatische Theorie

Vielleicht ist es auch möglich, die Ausstrahlung bestehender Symbole zu verwenden und sie in einem eigenen Markenzeichen zu verarbeiten.
Die "beschützenden" Eigenschaften der Schildkröte können zum Beispiel verwendet werden, um die zuverlässige Kraft eines Unternehmens auszudrücken. Denken Sie zum Beispiel einmal an den Tiger, der die Kraft der Ölgesellschaft Esso symbolisiert.
Wählen Sie nicht die in vielen Büchern über Feng Shui empfohlenen chinesischen Symbole, sondern bedienen sie sich der Symbolik unserer westlichen Gesellschaft, wie zum Beispiel ein vierblättriges Kleeblatt für den Hersteller von Spielautomaten und ein geschliffener Diamant für den Juwelier. Sorgen Sie dafür, daß das definitive Markenzeichen zu den Tätigkeiten des Unternehmens paßt. Also kein nostalgisches Styling für den flotten, modernen Softwarehersteller.

9 Feng Shui und die Ladeneinrichtung

Wenn jeder etwas Holz beisteuert
brennt das Feuer am höchsten

Einführung

Feng Shui ist auch eine hervorragende Methode zur Einrichten von Läden. Der "geschäftliche" Erfolg eines Ladens steht und fällt damit, ob der Kunde sich im Geschäft wohl fühlt, ob er zufrieden ist und zurückkommt und ob er dazu bereit ist, sein Geld hier auszugeben. Feng Shui kann dies alles positiv beeinflussen, da es direkt auf den Kunden einwirkt.

Feng Shui kann zur Ladeneinrichtung eingesetzt werden um:

- den Umsatz zu steigern
- mehr "Laufkundschaft" zu interessieren
- zufriedene Stammkunden zu bekommen
- den Ruf eines Ladens (einer Ladenkette) zu verbessern
- eine angenehme Arbeitsumgebung zu schaffen
- diverse indirekte Kosten zu senken

Der Standort

An erster Stelle kann man mit Hilfe von Feng Shui einen guten Standort für einen Laden finden, als Ausgangspunkt dient die Information im 3. Kapitel (die Formschule). Man fährt damit fort, die Lage und die Umgebung zu untersuchen (Erreichbarkeit, Parkplätze, potentielle Kundschaft).

Achten Sie gut darauf, ob gegenüberliegende oder benachbarte Gebäude keine scharfen Kanten und Ecken haben, die Sha Chi erzeugen könnten.

Die Anordnung im Laden

In Läden ist es üblich, daß Kunden mehr oder weniger dazu "gezwungen" werden, eine bestimmte Strecke abzulegen (Routing), damit sie das ganze Sortiment sehen. Dank einer ausgeklügelten Anordnung von Einrichtungselementen werden die Kunden, ohne daß sie sich dessen bewußt sind, auf einer vorher festgelegten Route durch den Laden gelotst.

Bedingt durch die Richtung, die der Kunde einschlägt, wird eine bestimmte Energie erzeugt. In einem Laden mit einer Laufrichtung nach links, also gegen den Uhrzeigersinn, wird Aktivität erzeugt, eine Yang-Eigenschaft. Bewegt sich die Laufrichtung hingegen im Uhrzeigersinn, also nach rechts, so wird Inaktivität, eine Yin-Eigenschaft, erzeugt. Je nach Art des Ladens und des Sortiments kann man diese Tatsache bewußt einsetzen.

Die Anordnung in einem Ladens sollte logisch geplant werden. Der Konsument und folglich auch das Chi, sollte in einer fließenden Bewegung durch den Laden gelenkt werden. Displays und Werbung, die im Wege stehen, sind Hindernisse und werden als störend erfahren. Bei einer unsorgfältigen Plazierung werden sie den Umsatz wohl kaum heben.

Runde Formen sind eindeutig besser als scharfe und spitze Formen, weil sie Chi stimulieren und eine wärmere, kundengerechte Atmosphäre erzeugen.

Die Einrichtung des Ladens

Der Ladentisch sollte immer so aufgestellt sein, daß die Person, die hinter ihm arbeitet, mit Blickrichtung zur Tür steht. Für die Plazierung des Ladentisches gelten die gleichen Prinzipien wie für die Plazierung des Empfangstresens (Siehe auch Kapitel 5). Die Waren sollten so ausgelegt werden, daß der Konsument den Eindruck bekommt, daß der Laden "gefüllt" ist. Das Verkäufern wohlbekannte Verfahren, die Fächer, die beinahe leer sind, wieder so einzuräumen, daß sie wie voll aussehen, ist eine sehr nützliche Maßnahme.

Abbildung 9.1 – Die beste Plazierung des Ladentisches.

Gute Beleuchtung zieht Chi (und Kunden) an. Spiegel verdoppeln das Sortiment optisch und symbolisieren Überfluß. Sie können auch bewußt eingesetzt werden, um einen fehlenden Bereich zu vertuschen, falls der Laden einen unregelmäßigen Grundriß hat, zudem können sie Säulen "verschwinden" lassen.

Ärger vermeiden

Läden können auch eine Quelle vieler kleiner Ärgernisse sein, die schlechtes Feng Shui erzeugen. Lange Warteschlangen in bestimmten Abteilungen oder vor den Kassen sollten unter allen Umständen vermieden werden, denn so etwas erregt Ärger und hat zur Folge, daß Kunden weggehen und, noch viel schlimmer, nicht mehr zurückkommen. Sie sollten Wartezeiten soviel wie möglich verkürzen!
Bauen Sie kleine Ärgernisse ab. Lassen Sie beschädigte Einkaufswagen reparieren und sorgen Sie für permanente Instandhaltung im Laden. Der Laden sollte jederzeit sauber und aufgeräumt sein, so daß das Chi ungehindert fließen kann.

Das Einsetzen von Feng Shui in Läden erzeugt ein harmonisches Gleichgewicht und schafft eine Umgebung, in der sich Ihre Kundschaft wohl fühlt. Sie und Ihr Umsatz profitieren davon.

10 Möbeldesign nach Feng Shui

Wenn alles geplant, organisiert und erdacht ist, so heißt dasjenige, was übrig bleibt "Glück".

Einführung

Durch den Entwurf von Möbeln und Accessoires hat man die Möglichkeit, das Feng Shui eines Raums nach Wunsch zu beeinflussen. Und durch die Gestaltung dieser Komponenten kann man die Prinzipien der fünf Elemente ziemlich leicht zum Ausdruck zu bringen (Siehe auch Kapitel 2).

Die fünf Elemente als Ausgangspunkt

Es ist nicht ganz einfach, zu erkennen, welches der fünf Elemente in einem Stuhl, einem Tisch oder in anderen Möbelstücken vertreten ist. Wenn Sie dies herausfinden wollen, sollten Sie zuerst einmal das verarbeitete Material, die Form und die Farbe begutachten.

Möbel können zum Beispiel aus Holz sein oder in einer Farbe gestrichen sein, die zum Element Metall paßt und nach den Normen des Elements Feuer gestaltet sein.

Bevor man mit dem Entwerfen von Möbeln beginnt, ist es sinnvoll, sich zu fragen, welche Funktion sie haben sollen.

Wenn in dem einzurichtenden Raum ein bestimmtes Element hervorhoben werden soll, so sollte man auf der Grundlage der Prinzipien des Hervor-

bringungszyklus vorgehen. Muß ein Element hingegen abgeschwächt werden, so wendet man die Prinzipien des Zerstörungszyklus an.
Das nachfolgende Beispiel kann dies verdeutlichen. In Ihrer Einrichtung erkennen Sie zwei dominierende Elemente, Feuer und Metall. Dem Zerstörungszyklus zufolge ist dies keine gute Kombination. Sie fügen darum eine Komponente hinzu, die das Element Erde repräsentiert (das dazwischenliegende Element des Hervorbringungszyklus), zum Beispiel in Form eines viereckigen Tisches oder eines würfelförmigen Schranks, vorzugsweise in der Farbe Gelb gestrichen.

Maße und Verhältnisse

Zahlen und Nummern nehmen im klassischen Feng Shui einen sehr wichtigen Stellenwert ein. Im Rahmen der in diesem Buch behandelten Anordnungsmethode wird jedoch nicht näher darauf eingegangen. Trotzdem möchte ich Ihnen die Maße, die dem Feng Shui zu Grunde liegen und die auf positiven und negativen Energien basieren, nicht vorenthalten. Die im Feng Shui geltenden Abstimmungen der Maße können als Hilfe beim Entwerfen von Gebäuden, Räumen, Einrichtungen, Möbeln und Accessoires dienen.

Die Maße bestehen aus zwei Gruppen und zwar dem Zyklus der Harmonie und dem Zyklus der Disharmonie.
Die harmonischsten Maße sind ein Vielfaches von 43 cm. Eine Einheit zu 43 cm besteht wiederum aus acht kleineren Einheiten und die zum Zyklus der Harmonie gehörigen Maße sind die erste, vierte, fünfte und achte Einheit.

So kann eine Einteilung in positive und negative Maße vorgenommen werden.
Mit Hilfe der Angaben der Tabelle von Abbildung 10.1 kann jeder Tischler und Zimmermann ziemlich leicht ein Lineal herstellen, so daß er die harmoni-

EINHEIT	GÜNSTIGE MASSE		UNGÜNSTIGE MASSE	
	von	bis	von	bis
1	0	5,375		
2			5,375	10,75
3			10,75	16,125
4	16,125	21,5		
5	21,5	26,875		
6			26,875	32,25
7			32,25	37,625
8	37,625	43		
1	43	48,375		
2			48,375	53,75
3			53,75	59,125
4	59,125	64,5		
5	64,5	69,875		
6			69,875	75,25
7			75,25	80,625
8	80,625	86		
1	86	91,375		
2			91,375	96,75
3			96,75	102,125
4	102,125	107,5		
5	107,5	112,875		
6			112,875	118,25
7			118,25	123,625
8	123,625	129		
1	129	134,375		
2			134,375	139,75
3			139,75	145,125
		usw ...		

Abbildung 10.1 – Die günstigen und ungünstigen Feng-Shui-Maße. Wenn man sich an diesen Rhythmus hält, kann man positive und negative Maße ermitteln.

schen Maße beim Entwerfen und Anfertigen von Bauteilen, Mobiliar u.ä. anwenden kann.

Die Maße eines Schreibtisches

Anhand des Schemas von Abbildung 10.1 kann die Größe der Schreibtische in einem Büro ziemlich leicht auf Feng Shui abgestimmt werden.
Die Größe eines Schreibtisches setzt sich aus den Komponenten Breite x Höhe x Länge zusammen. Diese drei Maße sollten anhand der günstigen Maße ermittelt werden.

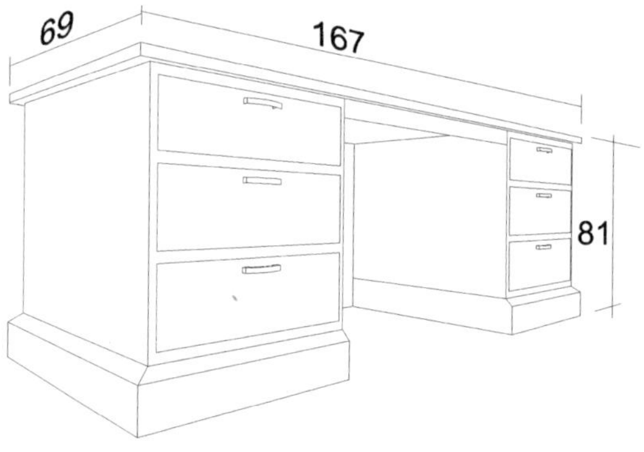

Abbildung 10.2 – Ein Schreibtisch mit günstigen Feng-Shui-Maßen.

Die Höhe eines durchschnittlichen Schreibtischs beträgt etwa 75 Zentimeter. Ziehen wir die Feng-Shui-Maße hinzu, so fällt diese Höhe zwischen 69,875 und 75,25 Zentimetern, diese Maße fallen jedoch unter die ungünstigen Maße. Es ist also besser, einen Schreibtisch nach den Maßen der nachfolgenden günstigen Einheit anzufertigen, die Höhe sollte also zwischen 80,625 und 86 Zentimetern liegen. Da die

meisten Arbeitsstühle heute verstellbar sind, stellt diese Höhe für die meisten Menschen kein Problem dar.
Die Breite und Länge der Schreibtischplatte wird auf die gleiche Weise ermittelt.
Abbildung 10.2 zeigt ein Beispiel eines Schreibtisches mit Feng-Shui-Maßen.
Man kann die Feng-Shui-Maße natürlich bis ins Detail verwenden, indem man auch die Schubladen, Schranktürchen und Fächer in Feng-Shui-Maßen anfertigt.

Die Gestaltung von Möbeln

Im 7. Kapitel wurde schon näher auf die Gestaltung von Tischen und Schreibtischen eingegangen. Es sollte deutlich sein, daß scharfe Kanten und Ecken soviel wie möglich vermieden und abgerundet wer-

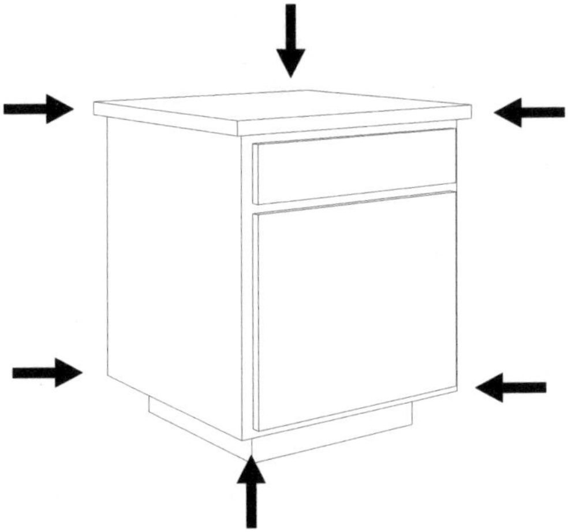

Abbildung 10.3 – Ein Schrank mit mehreren scharfen Kanten, die allesamt Sha Chi erzeugen.

den sollten. Dies gilt nicht nur für Tische und Schreibtische, sondern auch für Schränke und anderes Mobiliar.

Mit der Behauptung, daß Feng Shui lediglich aus ein paar Regeln besteht, die, wenn sie konsequent eingesetzt und angewendet werden, automatisch zu einer harmonischen Einrichtung führen, würden wir es uns zu einfach machen. Feng Shui besteht aus einer Anzahl Richtlinien, die zum Ziel haben, Harmonie und Gleichgewicht zu begünstigen und es erklärt, wie unser tägliches Leben dadurch beeinflußt werden kann.
Trotzdem wird es sich fast immer herausstellen, daß die Prinzipien nicht hundertprozentig durchgeführt werden können, weil man auf verschiedene, oft schon feststehende Faktoren stößt, für die fast immer ein Kompromiß gesucht werden muß. Dazu ist man auf seine Intuition angewiesen.

Die auf Feng Shui basierende Gestaltung zielt nicht darauf hin, Aufmerksamkeit zu erregen oder aufzufallen. Feng Shui schafft Ruhe und Harmonie, eine ausgewogene (Arbeits-) Umgebung, in der der Mensch gut funktionieren und sich entfalten kann.

Welche Art von Möbeln Sie entwerfen oder anschaffen, hängt sehr stark davon ab, welche Funktion sie haben sollen. Ein Arbeitsstuhl sollte überwiegend Yang sein, wenn Sie sehr aktiv sind. Ein solcher Stuhl sollte stimulieren und motivieren. Wenn Ihr Beruf eher eine entspannte und lockere Atmosphäre braucht, wie im psychologischen Bereich oft der Fall ist, so liegen Stühle mit Yin-Eigenschaften nahe. Dasselbe gilt für Tische. Runde und ovale Tische sind eher Yin, quadratische und rechteckige Tische hingegen sind Yang.

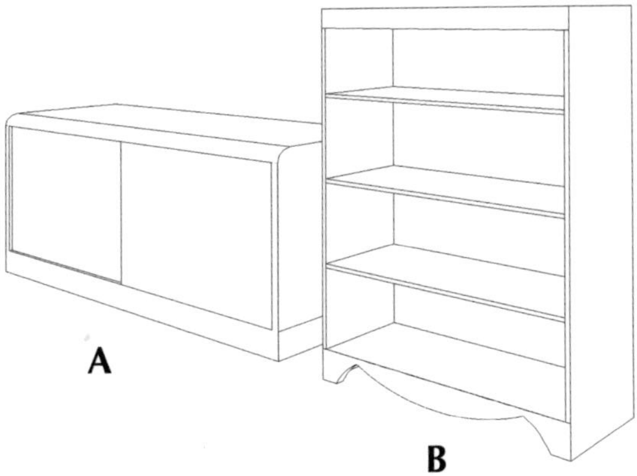

Abbildung 10.4 – Schrank A ist, nach dem Standpunkt des Feng Shui, besser als Schrank B.

In jedem Büro und an jedem Arbeitsplatz müssen Sachen aufgeräumt werden. Schränke sollten aus einem festen und harten Material angefertigt sein, damit Chi gut zirkulieren kann. Offene Schränke tragen zur Stagnierung des Chi bei, darum sollte man Schränke mit Türen bevorzugen.

Sie können scharfe Kanten von Schränken mit Hilfe von Pflanzen mit großen, rundlichen Blättern abschwächen. Versuchen Sie einen Schrank so aufzustellen, daß seine Seitenwände zwischen zwei Wänden stehen, so daß die Ecken unsichtbar sind. Stellen Sie Möbel so auf, daß ihre scharfkantigen Ecken nicht auf Personen gerichtet sind (giftige Pfeilspitzen).

Schlußwort

*Leite den Betrieb,
lasse dich nicht vom Betrieb leiten!*

Einführung

Das Schreiben eines Buches über ein Thema, das von einem Großteil der Unternehmer wahrscheinlich mit Argwohn und Skepsis empfangen wird, ist keine leichte Aufgabe.
Es ist allerdings ein gewisser Trost, daß man sich wahrscheinlich auch über den ersten Menschen, der behauptet hat, die Erde sei rund, lustig gemacht hat. Dennoch kann es einfach nicht wahr sein, daß eine Lehre wie Feng Shui, die schon seit Tausenden von Jahren praktiziert wird, völlig nutz- und wertlos ist, allein schon ihre ständig wachsende Beliebtheit beweist das Gegenteil.

Das weltweite Feng-Shui-Revival basiert auf den brauchbaren Methoden und Prinzipien, die diese Lehre in sich birgt.
Feng Shui ist nicht die einzige Methode zur Inneneinrichtung, ähnliche Formen sind auch in Indien (Vastu Shastra), in Korea (Pungsu) und in Vietnam (Dia Ly) bekannt.
In Hongkong ist Feng Shui voll und ganz ins tägliche Leben integriert.

Ich bin fest davon überzeugt, daß Feng Shui Einzug in das moderne westliche Geschäftsleben halten wird. Obwohl diese Lehre schon seit Jahrhunderten existiert, ist die Anwendung des Feng Shui relativ neu im Westen und natürlich kostet es viel Zeit und Mühe, bis sich neue Dinge eingebürgert haben. An-

gesichts der Tatsache, daß Feng Shui immer häufiger bei der Einrichtung von Wohnräumen eingesetzt wird, ist es nur noch eine Frage der Zeit, bis es sich auch im Geschäftsleben durchsetzt.
Die in diesem Buch dargelegte Methode des Feng Shui verzichtet weitgehend auf die Arbeit mit den Wind- und Himmelsrichtungen. Obwohl ich den Gedanken, daß die Himmelsrichtungen das Erleben von Räumen beeinflussen, keineswegs ablehne (und auch nicht das Zusammenspiel von Sonnenlicht und Schatten), bevorzuge ich und konzentriere ich mich auf die Prinzipien, die nicht so sehr auf den Kompaß ausgerichtet sind.
Ich beschränke mich auf den Gedanken, daß das Wohlgefühl in einem Raum hauptsächlich davon abhängt, an welcher Stelle wir uns in diesem Raum befinden und wie die Komponenten um uns herum "angeordnet" sind.
Diese Vorliebe basiert wahrscheinlich auf der Tatsache, daß ich mich sowohl als Gartengestalter als auch als Innenarchitekt mit Feng Shui beschäftige. Jemand, der sich zum Beispiel mit Astrologie befaßt, hat wahrscheinlich mehr Affinität zu anderen Methoden des Feng Shui, wie der *Methode der fliegenden Sterne, Nine-Star-Ki,* oder der *Acht-Häuser-Schule.*
Allen Systemen liegt jedoch die Wirkung von Chi, von Yin und Yang, der fünf Elemente und des I Ging zugrunde. Der Unterschied zwischen den Methoden zeigt sich ausschließlich in der Art und Weise ihrer Anwendung.

Ziel dieses Buches ist es, daß Sie lernen, die Inneneinrichtung von Firmen und Arbeitsplätzen mit anderen Augen zu betrachten. Vieles, was in diesem Buch steht, ist nicht neu. Es geht hier darum, daß man erkennt, daß die Inneneinrichtung einen

zusätzlichen, energetischen Wert bekommt, ohne daß man die ästhetischen und technischen Aspekte vernachlässigt.
Es besteht jedoch die Gefahr, daß man das Bedürfnis hat, Dinge zu verändern, die sich als erfolgreich erwiesen haben. Das beabsichtigt Feng Shui jedoch auf keinen Fall, darum erscheint es mir angebracht, Sie davor zu warnen. Setzen Sie Feng Shui mit Maßen ein und führen Sie es allmählich und schrittweise ein.

Wo Feng Shui eingesetzt wurde, arbeitet man gerne. Wir lernen den (subtilen) Einfluß kennen, den ein Raum oder ein Zimmer auf den menschlichen Körper hat.
Der menschliche Geist gewöhnt sich schnell an Dinge und Umstände, so daß wir es oft nicht mehr wahrnehmen, wie sie unsere Psyche und unser physisches Wohlbefinden beeinflussen. Feng Shui trägt dazu bei, daß wir diese verlorengegangene Wahrnehmung zurückbekommen und auf positive Weise anwenden können.

Vielleicht gehören auch Sie zu der wachsenden Anzahl Menschen, die hauptsächlich zu Hause arbeiten. Dann haben Sie wahrscheinlich eher die freie Hand, um zu tun, was Ihnen gut tut, als im Büro Ihres Arbeitgebers. Für Sie kann dieses Buch ein hervorragendes Hilfsmittel sein, um eine Arbeitsumgebung zu realisieren, die zu größerer Effektivität und Zweckmäßigkeit beiträgt.

Danksagung

Zu wirklicher Anerkennung gehört auch,
daß man nicht nur Verdienste sondern
auch Unzulänglichkeiten entdeckt
(Yüan Mei)

Ich möchte mich an dieser Stelle bei den Mitarbeitern des Verlages Uitgeverij Schors in Amsterdam für die enthusiastische Aufnahme meines Manuskripts und die angenehme Zusammenarbeit bedanken, die zur Verwirklichung dieses Buches geführt haben.

Ich danke auch "meinen" Kursteilnehmern, denen ich die Prinzipien des Feng Shui beizubringen versuche. Von ihnen lerne ich genauso viel wie sie, wie ich hoffe, von mir lernen. Auch den Menschen, die regelmäßig meine Lesungen und Vorträge besuchen, danke ich für ihr Interesse. Ich hoffe, daß meine Begeisterung ihre Anstrengungen wert ist.

Kollegiale Worte des Dankes gelten Hans Slim, Innenarchitekt und Autor, für die gute Zusammenarbeit, Lillian Too für ihre freundlichen Worte und den Meistern und Lehrern, von denen ich die Prinzipien des Feng Shui gelernt habe und von denen ich noch immer Neues hinzulerne.

Bei meiner Frau Ellen möchte ich mich für ihre Hilfe und Liebe bedanken und für die Art und Weise, wie sie mich stimuliert und bei meiner Arbeit unterstützt hat, so daß es mir möglich war, dieses Buch zu schreiben. Sie ist immer die erste, die meine Bücher liest und sie ist die beste Rezensentin, die sich ein Autor wünschen kann.

Zum Schluß möchte ich mich bei Ihnen, dem Leser dieses Buches, bedanken und ich hoffe, daß auch Sie den Entschluß fassen, die Prinzipien, wie sie in diesem Buch dargelegt wurden, auszuprobieren und anzuwenden. Ich höre gerne von Ihnen, wie es Ihnen ergangen ist, nachdem Sie Feng Shui in Ihrer Arbeitsumgebung oder in Ihrer Firma eingeführt haben.

Anhang

Die Polarität von Yin und Yang

Nachstehend folgt eine Liste mit Grundbegriffen, welche die Arbeit mit der Polarität von Yin und Yang vereinfachen können.

Yin	Yang
Frau	Mann
passiv	aktiv
Schwarz	Weiß
dunkel	hell
Mutter	Vater
Tochter	Sohn
krumm	gerade
feucht	trocken
tief	hoch
ruhig	hektisch
horizontal	vertikal
sinken	steigen
leer	voll
verborgen	sichtbar
kalt	warm
still	laut
Erde	Himmel
Mond	Sonne
Norden	Süden
Osten	Westen
gerade	ungerade
Nacht	Tag
materiell	immateriell
unten	oben
Wasser	Feuer

Yin	Yang
hinten	vorne
Kummer	Freude
Ruhe	Handlung
schmal	breit
lang	kurz
langsam	schnell
schwach	stark
Zucker	Salz
schlafen	wachen
rund	eckig
Blau	Rot
Grün	Gelb/Pastell
Teppich	Naturstein
Kork	Marmor
Textilien	Glas
Holz	Metall
Winter	Sommer
nehmen	geben
Moll	Dur
emotional	rational
intuitiv	analytisch
drinnen	draußen
links	rechts
beruhigen	stimulieren
krumm	gerade
Entspannung	Spannung

Erklärung der verwendeten Ausdrücke

Anordnungsmethode – Feng-Shui-Methode, deren Ausgangspunkt die Art und Weise ist, wie die Komponenten in einer Umgebung angeordnet sind. Basierend auf der Formschule und dem Bagua nach Professor Thomas Lin Yun.

Bagua – Viereckiges Gittermuster mit neun Bereichen, die jeweils einen bestimmten Lebensbereich symbolisieren.

Chi – Name für die kosmische, alles hervorbringende und vereinende Energie oder Kraft, in Japan "Ki" und in Indien "Prana" genannt.

Feng-Shui-Kreuz – Grafisches Hilfsmittel zur Ermittlung der Morphologie einer Umgebung nach den Prinzipien der Formschule.

Giftiger Pfeil – Symbolischer Pfeil (Pfeilspitze), der Sha Chi bündelt und seinen Kurs bestimmt.

Himmlische Tiere – Symbolische Bezeichnungen, mit deren Hilfe man morphologische Kennzeichen von Landschaften und Umgebungen nach den Prinzipien der Formschule benennen kann. Die vier himmlischen Tiere sind: die Schildkröte, der Drache, der Tiger und der Phönix.

Kompaßschule – Allgemeine Bezeichnung der Feng-Shui-Schulen, die bei der Ausübung des Feng Shui mit einem Kompaß, den Wind- und Himmelsrichtungen und astrologischen Daten arbeiten.

Ming Tang – Ein Ort, an dem man ohne Ablenkung nachdenken und sich entspannen kann. Soll Ideen und Kreativität stimulieren.

Sha Chi – Negatives Chi.

Sheng Chi – Positives Chi.

Tai Chi – Das Yin- und Yang-Symbol.

Formschule – Schule des Feng Shui, welche die Prinzipien anhand der morphologischen Kennzeichen von Landschaften und Umgebungen interpretiert.

Fünf Elemente – Symbolische Bezeichnung der fünf verschiedenen Erscheinungsformen des Chi. Die fünf Elemente sind: Wasser, Feuer, Erde, Metall und Holz.

Yin und Yang – Symbolische Bezeichnung der zwei entgegengesetzten Kräfte, welche die Dynamik des Daseins erzeugen.

Über den Autor

Ronald Faber (1962) spezialisierte sich nach seinem Studium der Architektur, Innenarchitektur und Gartengestaltung auf die Anwendung des Feng Shui zur Gestaltung von Innenräumen und Gärten.

Er studierte Feng Shui unter anderem unter der Leitung verschiedener internationaler Feng-Shui-Meister und -Berater.

Ronald Faber veröffentlicht regelmäßig Artikel über Inneneinrichtung und Feng Shui in diversen Zeitschriften und auf dem Internet. Er ist Vorstandsmitglied der "Stichting Orde van Register-Interieurontwerpers" und Chefredakteur des von dieser Stiftung herausgegebenen Blatts.

Als Feng-Shui-Berater berät er Firmen, Privatpersonen und Institutionen. Er ist der Gründer der *Feng Shui Academie* in den Niederlanden, er leitet Kurse und Workshops und hält Vorträge.

Nähere Auskünfte erteilt der Autor:

Ronald Faber
Postbus 295
4600 AG Bergen op Zoom
Niederlande

Ronald Faber

Feng Shui für Einsteiger

Stimmungsvoll wohnen mit Feng Shui
Angenehmer leben und erfolgreicher arbeiten
durch die Steigerung der Lebensenergie

Dieses Buch ist anders!

Ronald Faber: "In meiner täglichen Praxis als Innenarchitekt und Interieurdesigner bin ich ständig auf der Suche nach Tips, Kniffen und Ideen, die mir meine Arbeit erleichtern, nach Hilfen, die das Lösen von Einrichtungsaufgaben vereinfachen. Bei dieser Suche stieß ich auf Feng Shui, eine Kombination der

uralten chinesischen Kunst, die meine Kenntnis von Yin und Yang, des I-Ging und der Fünf Elemente zu einem logischen Ganzen zusammenfügt. Die Tatsache, daß Feng Shui immer häufiger in der täglichen Praxis von Designern und Gestaltern auftaucht, beweist den Wert dieses jahrtausendealten und faszinierenden Systems. Die wachsende Be-

liebtheit des Feng Shui hat zu einer Flut an Information zu diesem Thema geführt, Information, die sich oft auf die Erklärung der chinesischen Systeme, Philosophien und Theorien beschränkt, die dem Feng Shui zugrundeliegen. Dieses Buch ist anders! Während des Schreibens reifte in mir die Idee, daß ich damit beschäftigt war, eine Brücke zwischen den zwei Kulturen zu schlagen.
Einerseits haben wir die uralte chinesische Kultur voller Symbolik und Mystik, auf der die Ideen des Feng Shui beruhen, andererseits die moderne, nüchterne Gartengestaltung und Innenarchitektur, die seltsamerweise viele unerwartete Übereinstimmungen mit den Zielsetzungen, wie sie auch im Feng Shui gelten, zeigen. Die Verbindung dieser scheinbar völlig verschiedenen Ansichten ist in diesem Buch in Worte gefaßt".

Feng Shui für Einsteiger
88 Seiten - Mit zahlr. Abb.
ISBN 90-76274-12-6